Phänomen-Verlag

Tom Amarque

Der Wille zur Transzendenz

Ursprung und Sinn der Spiritualität

Phänomen-Verlag

Bibliografische Information Der Deutschen Bibliothek:

Die Deutsche Bibliothek verzeichnet diese Publikation in der Deutschen Nationalbibliografie; detaillierte bibliografische Daten sind im Internet über http://dnb.ddb.de abrufbar.

Tom Amarque
Der Wille zur Transzendenz
EAN 978-84-946284-7-4

Phänomen-Verlag
Web: www.phaenomen-verlag.de
E-Mail:kontakt@phaenomen-verlag.de

Satz & Gestaltung: Phänomen-Verlag

Inhalt

VORWORT

W a s ist Spiritualität? Diese Frage, obwohl sie zunächst einfach zu beantworten scheint, wirft einige Schwierigkeiten auf. Wissen wir wirklich, was wir damit meinen, wenn wir von Spiritualität sprechen? Als ein Sammelsurium von Weltanschauungen und Praktiken unter dem Banner der S e l b s t t r a n s z e n d e n z scheint sie sich einer gewissen Klarheit zu entziehen. Was ist es genau, dieses *spirituelle* Leben? Ist es eine Art lebensweltlicher Bricolage, sowohl konzeptionell als auch in Ausübung, oder ist da gewisse geheime Architektur oder auch eine Ganzheit, die das Spirituelle zu etwas denkwürdigem, womöglich zu etwas essenziellem der menschlichen Natur erhebt. Ist sie vielleicht mehr als die Summe seiner aus allen Teilen der Welt zusammengewürfelten Teile? Können wir überhaupt von *der* Spiritualität sprechen, als einem Ding an sich, als etwas, das über Struktur und Form verfügt, dass sich über bestimmte Kommunikationen und Praktiken stabilisiert und andere dabei ausgrenzt? – so wie sich auch die Wissenschaft über Methoden zur Ermittlung von Tatsachen und der Kommunikation über Wahrheit und Falschheit von anderen Domänen des Lebens abgrenzt.

Ist da, noch einmal anders formuliert, ein größerer Sinn der Spiritualität erkennbar, und damit, ihr innewohnend, eine generelle Richtung, ein T e l o s, ein allgemeines Ziel, ja, eine Weise des Seins, gar eine allgemeine *Praxis*? Wenn ja, müsste dies bedeuten, dass sie, wie etwa die Wissenschaft oder Wirtschaft auch, in einem wechselseitigen Bezug mit allen anderen Bereichen des Lebens steht. Mehr noch, unser Menschsein, sowohl psychologisch als auch kulturell, müsste eng mit der Spiritualität verflochten sein, und das alltägliche Leben müsste durch sie nutznießen. Die Wissenschaft erhält u.a. auch ihre Legitimation, indem sie den praktischen Nutzen ihrer Arbeit Gesellschaft als solches zur Verfügung stellt und kulturell anschlussfähig ist. Können wir einen ähnlichen Anspruch für die Spiritualität wagen? Ist die Spiritualität etwas, was nicht nur einer internen Dynamik folgt, sondern auch in einen kulturellen Gesamtzusammenhang eingebettet werden kann?

Womöglich – und ich bin Anhänger der piaget´schen Idee – wissen wir noch gar nicht, was die Spiritualität ist, oder was sie sein kann. Hatte Jean Piaget, dieser große Seelenkundige, nicht gezeigt, dass wir gewisse Dinge erst ausleben müssen, b e v o r wir sie verstehen? Spielt nicht etwa ein Kind, bevor es die Regeln des Spiels beschreiben kann? Müssen wir nicht träumen, bevor wir den Traum analysieren und verstehen können? Folgt der Säugling nicht seinen biologisch mitgegebenen Instinkten, bevor es Konzepte und Vorstellungen über sein Verhalten entwickeln kann? Handeln wir nicht häufig und verstehen erst später – gerade weil wir gehandelt haben – unsere Motive? Es sind die Iterationen einer Sache, diese wiederholten Anwendungen des gleichen Prozesses, die seine Form nach und nach klärt, seine Kanten schärft und seinen Sinn enthüllt. Was Piaget und andere zeigten war, dass wir durch diese sich wiederholenden und sich entwickelnden Verhaltensiterationen gehen müssen, um nach und nach uns und die Welt zu verstehen. Und wir wissen dies auch aus der frühen Psycho-Analyse: Das, was noch im Unterbewusstsein verweilt, weil es noch nicht bewusst gemacht wurde, wird unser Leben auf subtile Weise kontrollieren und bestimmen. Es ist dieselbe Idee.

In der Tat, warum sollte es sich mit kulturellen Phänomenen anders verhalten? Was für die Psyche gilt, muss auch für die Kultur gelten. Müssen wir nicht durch die mannigfaltigen Erscheinungsformen des Spirituellen gehen – den schamanischen, religiösen, mystischen, esoterischen Formen –, um zu erkennen, was ihr eigentlicher Sinn ist? Womöglich hat sich die Spiritualität bislang tatsächlich nur in Fragmenten gezeigt, danach drängend, als Ganzes verstanden zu werden und über ihre eigene zerfasernde Form hinauszuwachsen, um ihren Sinn und ihren Telos zu enthüllen. Dies soll unser Ausgangspunkt sein; ich werde es wiederholt erwähnen, damit es nicht in Vergessenheit gerät: Womöglich träumten wir in den letzten Millennien die Spiritualität, betrachteten sie fragmentarisch, ohne sie richtig zu verstehen, so wie sich ein Traum auch manchmal einer klaren Deutung entzieht. Womöglich waren wir in ihren Symbolismen und kulturellen Ausformungen gefangen. Vielleicht offenbart sie ihren Kern erst jetzt, nachdem alle archaischen, vormodernen, modernen und postmodernen Iterationen durchgespielt wurden, und alle religiösen Formen ihr Ende gefunden haben. Vielleicht können wir erst jetzt sehen, was es ist, was sie ermöglicht. Sogar die *Philosophia Perennis*, einen gemeinsamen Ursprung der Weisheit postulierend, konnte sie noch nicht klar erkennen, legte sie ihr Augenmerk auf metaphysische Zusammenhänge und kulturelle Gemeinsamkeiten und nicht grundlegend biologische – oder allgemeiner: existenzielle – Bedingungen und kognitive Architekturen.

Denn erweitert man experimentell den Zeithorizont und betrachtet alle historischen Formen von den frühmenschlichen Begräbnisriten über die archaischen Formen des Schamanismus, hin zu den mesopotamischen, ägyptischen und griechischen und östlichen Kulten zu den großen Weltreligionen und Traditionen, dem Christentum, dem Hinduismus und Buddhismus, hin zur Alchemie, dem Hermetismus hin zu der Lebensreform und dem New Age als *Iterationen* dieser einen und derselben Grund-Bedingung, so muss man fragen: Was ist es eigentlich, was sich hier ausdrücken und gewusst werden will? Was ist es eigentlich, das iteriert, was ist sein Kern, sein Motiv, sein Sinn? Können wir vielleicht etwas über die menschliche Natur und das menschliche Bewusstsein verstehen, wenn wir all diesen Ansatz wählen?

In diesem Zusammenhang muss gesagt werden, dass eine erste Konsequenz dieses Ansatzes wäre, deutlich zu machen, dass ich mich verweigere, in Bezug auf all die erwähnten kulturellen Phänomene oder Strömungen als *religiöse* Phänomene zu sprechen, wie es zuweilen getan wird. Nicht nur, weil der ursprüngliche lateinische Begriff *religio* im Kontext der quasi-spirituellen Gesamthistorie von mindestens dreihunderttausend Jahren des Menschen ein relativ junger Begriff ist; nicht nur, weil er sich bis heute einer eindeutigen Definition entzieht; nicht nur, weil eben dieser Begriff schon bald scheitern sollte, östliche Traditionen und Weisheitslehren angemessen zu erfassen; nicht nur, weil eine zugeschriebene Hinwendung, Bindung oder auch Abhängigkeit von einem vorausgesetzten Gott nicht notwendiger Teil aller prä- und auch postmodernen Formen des Spirituellen war; – sondern auch und vor allem, weil gewisse geistig-'spirituelle' Phänomene überlebt haben, während ihre mythologischen und ihre religiösen Aspekte längst gefallen sind, oder explizit von dem bedeutendsten Philosophen der Neuzeit schlicht umgebracht wurden. Überdies: Was auch immer ein Gott heute sein soll, so verletzt doch jedwede Anbiederung an ihn als Entität schon unser Ehrgefühl. Der Turm – das Gotteshaus selber – ist tatsächlich gefallen, wie vom Christentum vorausgesagt. Und nicht nur in diesem Fall hat die christliche Geschichte ihr eigenes Ende vorausgesehen – oder hat, wie im Falle der Wissenschaft: e x p l i z i t darauf hingearbeitet, entstand doch das rational-empirische Denken durch die Arbeit religiöser Hände. Und dennoch stehen wir trotz allem und in bemerkenswerter Weise nicht mit leeren Händen da.

Doch dies soll kein Abgesang auf zweitausend Jahre christlicher Kulturgeschichte sein. Ganz im Gegenteil können wir womöglich – so glaube ich! – das Wesen des Spirituellen besser verstehen, wenn wir uns dem Religiösen erneut zuwenden, unsere automatische Aversion überwinden, die Tugenden integrieren und prämodernen und prärationalen Irrtümer ablegen, um ihren wahren Gehalt – womit ich meine: ethischen und erzählerischen Gehalt – zu würdigen. Gerade das Christentum hat sich ja eh nur wenig mit wirklich metaphysischen Fragestellungen beschäftigt; die Frage etwa, was ein Gott sei oder woher er kommt, bleibt im Buch der Bücher interessanterweise ungeklärt. Es ist dabei ja nicht nur die christliche Moral, die wir im Westen heute ausnahmslos internalisiert haben. Wir müssen unseren Blick erneut auf die Tatsache richten, dass die narrative Geschichtsstruktur der Bibel mehr denn je etwas über unser alltägliches Leben aussagt. Dein Mann, deine Frau hat dich verlassen: du hast den Fall aus dem Paradies noch nicht verstanden! Verzweifelst du am Leben, der Erfolg wird dir versagt – so lese erneut die Geschichte von Kain und Abel! Die Bedeutung dieser Geschichten muss gerade im Zeitalter der Psychologie einer neuen Einschätzung unterworfen werden. Wir wissen: Wir leben durch Narrationen und Geschichten, ohne diese ergäbe unser Leben buchstäblich keinen Sinn. Haben die postmodernen Denker erkannt, dass es unendlich viele Interpretationen und Sichtweisen gibt, so hilft uns diese Mannigfaltigkeit nicht, unser Leben zu leben. Wir benötigen konkrete Geschichten, die wir in Handlung reproduzieren, variieren und neu erleben können. Und in dieser Hinsicht ergeben die biblischen Geschichten ebenso Sinn wie die Heldenmythen der griechischen Sagenwelt oder die Grimm´schen Märchen, die wir – warum wohl? – immer und immer wieder unseren Kindern vorlesen. Wer niemals die Faszination von Kindern studiert hat, mit der sie ein und dieselbe Geschichte immer und immer wieder in sich aufnehmen, kann auch nicht die psychologische Bedeutung biblischer Geschichten verstehen.

Es ist damit klar, in welche Richtung diese Überlegungen gehen sollen. Wir wollen uns von allem metaphysischen Ballast, jeder esoterisch-schwammigen, jeder allzu spekulativen Voranname befreien und das Problem der Spiritualität vom Standpunkt des Bewusstseins und der Evolution selber angehen. Wir stoßen dabei schnell auf jenes Hauptproblem, mit dem die zeitgenössische Spiritualität im Grunde seit ihrem ersten – sollte ich sagen:

spät-modernen? – Auftauchen im 19ten Jahrhundert und dann besonders mit ihrem Erstarken während der Kulturrevolution der 60er zu kämpfen hatte, und zwar nämlich ihrer vollkommenen Inkohärenz, sowohl was ihr Programm als auch ihre Methode angeht. Denn was will diese zeitgenössische Spiritualität eigentlich? Geht es um den Pfad der Selbst-Disziplinierung und Mäßigung oder darum, voll im ‚Hier und Jetzt' zu sein? – zwei vollkommen unterschiedliche Ansätze, die sich bei genauerer Betrachtung gegenseitig ausschließen. Geht es darum, mitfühlend oder radikal ehrlich zu sein? Eine schwierige Frage, denn der radikal ehrliche Selbstausdruck ist nämlich zuweilen alles andere als mitfühlend. Oder geht es darum, Entwicklungsstufen zu erklimmen oder Energiearbeit zu machen? Geht es um ‚Heilung' oder um ‚Erleuchtung'? Wir wollen hier noch nicht einmal die Kontroversen berühren, die einen Begriff wie dem der Erleuchtung anhaften. Dreht sich Spiritualität darum, das Individuum in seiner Auseinandersetzung mit der Welt zu stärken, oder geht darum, in eine Art von Kollektivbewusstsein einzutauchen? Geht es um Glück oder darum, die Stärke zu gewinnen, das Leid unserer Existenz ertragen zu können?

Es scheint fast, diese Diffusivität der Spiritualität schreckt nicht nur nicht die Menschen ab, sondern macht ein Großteil ihrer Attraktivität aus. Spiritualität scheint zu sein, was man aus ihr machen kann. Es gibt kein einheitliches Programm, keine verifizierten Methoden, kein klar deutbares Ziel. Ob nun *Shakti-Pooja, Reiki* oder Tantra-Seife, alles scheint dazuzugehören. Es ist kein Telos sichtbar, etwas, über das die anderen institutionalisierten einzelnen Gesellschaftssysteme, wie Luhmann gezeigt hat, durchaus verfügen. In der Tat treten als Konsequenz dieser strukturellen Inkohärenz – oder sollte man sagen: wegen dieses funktionellen Vakuums – seltsame Trugschlüsse oder Irrtümer zutage, die einen Großteil des spirituellen Lebens zu durchdringen scheinen. Wir werden uns mit diesen Trugschlüssen und Pathologien im dritten Kapitel beschäftigen; ebenso dort mit dem Versuch, den Nährboden zu untersuchen, aufgrund dessen diese Irrtümer überhaupt entstehen konnten, und welche Konsequenzen wir deshalb zu tragen haben. Wie wir sehen werden ist diese Inkohärenz mitsamt ihren Irrtümern vor allem eines: l e b e n s f e i n d l i c h, und stört so vehement die Entwicklung von Psyche und Kultur.

Tatsächlich muss, und auf diese These werden wir auch mehrfach zurückkommen, diese Inkohärenz mit denen ihr verbundenen Irrtümern automatisch auftauchen, sofern die Spiritualität durch ihre spät- oder postmoderne Iteration hindurchgeht. Die hier aufzuwerfende Frage ist dann, ob dies eine angemessene Deutung des Phänomens des spirituellen Lebens an sich ist, oder ob in der Spiritualität nicht existenziellere Problemstellungen zum Ausdruck kommen können, die uns seit der Menschwerdung und dem Auftauchen des Bewusstseins selbst begleiten, die wir aber nicht beobachten können, weil wir eben in ihrer zeitgenössischen Spielform zu sehr verwickelt sind.

Das Argument, das ich hier entfalten werde, ist, dass die Rolle, die das Bewusstsein und seine Architektur in der Entwicklung der Spiritualität spielt, noch nicht ausreichend bewertet wurde. Das historische Auftauchen des Bewusstseins in der Menschheitsgeschichte – aufgrund welcher Faktoren auch immer – musste nämlich eine ganze Reihe von neuen und existenziellen Problemen aufwerfen, die gelöst werden mussten; jede Entwicklung, sei sie jetzt biologisch, sozial oder psychologisch, bringt stets eine Reihe von neuen Problemen mit sich. Dieses Buch wäre insofern ein Versuch zu zeigen, dass die Spiritualität Lösungen für diese existenziellen und neuen Probleme anbot, die mit dem Auftauchen des Bewusstseins entstanden. Ebenso werde ich zeigen, dass sie diese Funktion auch immer noch erfüllen kann, wenn wir nur durch den Nebel der postmodernen, esoterischen Spiritualität blicken könnten. Das heißt, dieses Buch ist damit auch ein Versuch, die *evolutionäre Funktion der Spiritualität* herauszulösen. Ich befürchte nur, dass wir, um diese grundlegenderen existenzielleren Motive zu untersuchen, einen Großteil unserer Vorstellungen, was wir heute unter Spiritualität verstehen, ablegen müssen.

Was also will die Spiritualität? Vielleicht offenbart sich gerade in den Sümpfen der zeitgenössischen Spiritualität – *Visita Interiora Terrae Rectificando Invenies Occultum Lapidem Veram Medicinam* – etwas, was gewusst werden will, ein wahrer, goldener Kern also, der sich nur in den Niederungen des Irdischen und dem Beginn des Menschlichen demjenigen offenbaren wird, der den Mut hat zu schauen. Gerade in Abgrenzung zur postmodernen Spiritualität kann und muss man dann fragen: Was wäre dann ihr *nützliches* Element? Was der ethische Kern einer solchen evolutionären Spiritualität? Und was ihre eigentliche psychologische und soziale Funktion? Insofern wir uns dann auf eine solche Herangehensweise einzulassen vermögen, können wir auch hoffen, uns einem Telos, einem Ziel der Spiritualität anzunähern.

Um uns überhaupt diesem Bereich annähern, dürfen wir allerdings eine Angelegenheit nicht unerwähnt lassen, nämlich das Problem der Sprache. Wir dürfen nicht fragen, was die Spiritualität oder was Transzendenz – wenn nicht gar *Selbsttranszendenz* – sei, sondern stattdessen, was denn genau im Akte der Transzendenz zu geschehen vermag und, noch grundlegender, wodurch sich genau *spirituelles Handeln* kennzeichnet. Es gibt so etwas wie die ‚Spiritualität' nämlich nicht, dies ist eine linguistische Objektivierung von etwas, was wir tun oder praktizieren. Es wurde schon eine Menge über dieses Problem geschrieben, Prozesse als Dinge zu identifizieren; Bewusstsein selbst ist ein gutes Beispiel; auch Bewusstsein ist kein Ding, sondern vielmehr ein Modus gelebter Erfahrung. In dieser Hinsicht gibt es auch keine ‚Bewusstseinsstufen' der kognitiven Entwicklung, sondern nur unterschiedliche Weisen, subjektive Erfahrungen zu erschaffen und zu bewerten.

Dies ist eine grundlegende Veränderung in unserer Ausgangsposition, denn wir fragen nicht nach dem Ding, sondern nach dem Prozess. Spiritualität ist etwas, was wir tun, nicht etwas, was an sich ist; eine Nominalisierung erzeugt stets Verwirrungen. Wenn ich also im Folgenden von ‚Spiritualität' spreche, tue ich das nur aus Konvention, aus Einfachheit! Gemeint ist stets das spirituelle Handeln, also das, was wir de facto tun, und welche Konsequenzen und Wirkungen durch dieses Handeln erzeugt werden. Wir nähern uns mit diesen Vorüberlegungen langsam dem Ausgangspunkt unserer Betrachtungen. Denn wenn wir das spirituelle Handeln als unseren Ausgangspunkt nehmen, müssen wir fragen, was es denn genau ist, was wir tun, wenn wir spirituell handeln? Man könnte nun annehmen, eine Definition der Techniken und ihrer Anwendung könnte ausreichen, um das spirituelle Leben beschreiben zu können. Spirituell handeln würde dann zum Beispiel derjenige, der Yoga übt. Ich halte aber diesen Ansatz, der sich an gewissermaßen externen und tradierten Verfahren orientiert, für problematisch, denn Verfahren und Techniken ändern sich bekanntlich, und es gibt Menschen, die Yoga üben, sich aber nicht als spirituell bezeichnen würden. Außerdem würde es uns auch nicht helfen, eine postmoderne Spiritualität von einer grundsätzlicheren, existenzielleren Spiritualität abzugrenzen, in denen dieselben Techniken verwendet werden. Wir müssen also ein wenig tiefer schauen. Wenn diese ‚externalisierten' oder ‚kulturalisierten' Techniken und Methoden nicht das spirituelle Leben definieren, was denn dann?

Aus diesem Grund werden wir zunächst einen Blick auf das Bewusstsein werfen als Agens spirituellen Handels. Weniger sind die Techniken ausschlaggebend als das erfahrene und sich verändernde Bewusstsein, während es erfolgreich diese Techniken anwendet. Spirituell zu handeln heißt dann, etwas Bestimmtes mit seinem Bewusstsein zu tun. Was das ist, oder sein kann, wollen wir in Kapitel 1 und 2 betrachten. Dies also soll das Programm dieses Buches sein: Spiritualität als postmodernes Zeitgeistphänomen zu trennen von einer Spiritualität, die gewissermaßen der Architektur des Geistes und dem auftauchenden Selbstbewusstsein entspringt. Dementsprechend werden wir in Kapitel 1 und 2 diese Architekturen oder Prozesse betrachten, bevor wir im dritten Kapitel auf eine Kritik des postmodernen spirituellen Lebens eingehen, und ihren Nährboden und ihre Leistungen wie auch ihre Irrtümer, Fehlleistungen und Mögl-ichkeiten betrachten.

I. DER CHAOSKAMPF

§1

Offensichtlich, so können wir gefahrlos beginnen, hat Spiritualität etwas mit dem menschlichen Bewusstsein zu tun, und die Frage, was spirituelles Handeln sei, muss im Kontext des Bewusstseins beantwortet werden. Wir wollen hier aber, wie einleitend erwähnt, nicht fragen, was genau Bewusstsein ist. Wenden wir uns also dem Bewusstsein in dieser Weise zu, und nehmen dies als Ausgangspunkt, wollen wir stattdessen im Sinne pragmatischer Nützlichkeit fragen: *Was kann man mit dem Selbst-Bewusstsein tun*, sobald es der Geschichte des Menschen auftaucht – wiewohl ihn erst zum Menschen macht. Wir fragen hier also zunächst nicht, was das Bewusstsein oder konkreter: Selbstbewusstsein ist, sondern zu welchen Perspektiven und Handlungen und Prozessen es in der Lage ist, sobald es historisch auftaucht. Diese kleine Veränderung in der Fragestellung wird, wie wir sehen werden, gravierende Resultate mit sich bringen.

Indem wir diese Frage so formulieren, werden wir für einen Moment annehmen, dass es einen bestimmten Moment gab, als die Menschen selbst-bewusst wurden; doch die Frage, ob dies über einen längeren Zeitraum hinweg geschah oder in einer Art von Emergenzsprung – wie es mittels der Theorie komplexer Systeme konzeptualisiert werden kann, in denen sich Systeme nicht nur über lange Zeitperioden entwickeln, sondern relativ spontan höhere Ordnungsebenen ausbilden können – spielt für unsere Überlegungen nicht wirklich eine Rolle. Dieses Auftauchen von selbst-reflexiven Bewusstsein musste jedoch nicht nur eine Lösung für gewisse evolutionäre Probleme gewesen sein, die es unseren Ahnen ermöglichte, neue Dinge zu tun, und das ganz allgemein die darwin'sche Fitness erhöhte. Es musste auch eine ganze Reihe neuer Probleme erzeugt haben. Bewusstsein musste, soviel können wir mutmaßen, sowohl Lösung von alten als auch Ursache von neuen Problemen gewesen sein.

Betrachten wir auf diese Weise das sich selbst bewusst werdende Bewusstsein des Menschen insofern *wie von außen* und fragen, zu welchen Permutationen und Handlungen es den Menschen befähigte, so fällt die generelle Überschaubarkeit der Angelegenheit auf. Sprache spielte offensichtlich eine Rolle. Die Frage also ist, zu welchem evolutionären Vorteil führt das Auftauchen des Selbst-Bewusstseins im Gegensatz zum Tiere. Oder, man könnte noch konkreter fragen: Zu welchen *Anthropotechniken,* um diesen Begriff von Peter Sloterdijk zu verwenden und zu erweitern – durch den er nicht nur eine ausschließlich menschliche Art des Handels bezeichnet, sondern eine *autopoietische* Weise, die darin besteht, so zu handeln, die Ausgangsbedingungen für die nächste Handlung (oder ‚Übung') zu verbessern – führte das Auftauchen des Bewusstseins, und zwar auf der höchsten Ebene der Abstraktion? Und wir können feststellen, dass die Anzahl der möglichen Anwendungen des Bewusstseins relativ begrenzt ist. Was also kann man tun, sobald Bewusstsein, aufgrund von welchen evolutionären Funktionen auch immer, in der Geschichte auftaucht, welche Probleme wirft es auf, und welche Lösungen generiert es?

Zunächst: Die Welt, und mit ihr das Selbst – man gestatte mir diese Verdinglichungen! – wird verhandelbar. Wer über ein, könnte man argumentieren, reflexives

Bewusstsein verfügt, *vermag zunächst R e p r ä s e n t a t i o n e n der eigenen subjektiven Selbst- und Weltwahrnehmung* anzufertigen, so einfach oder rudimentär diese zunächst auch sein mögen. Bewusstsein ist eben auch stets subjektive Repräsentation von sensorischen Wahrnehmungen, und als solches ermöglicht und erlaubt das Bewusstsein eben auch, internale Verzerrungen dieser subjektiven Repräsentationen anzufertigen. Wir können uns, zum Beispiel, eine Zukunft vorstellen, wir können vergangene Erfahrungen verzerren und uns einen rosaroten Elefanten vorstellten. Selbst in seiner rudimentärsten Form wird diese auftauchende Handlungsebene ein Bereich des K ü n s t l e r i s c h e n sein, der also genau dann auftaucht, sobald menschlich selbstreflexives Bewusstsein auftaucht. Ohne reflexives Selbst-Bewusstsein offensichtlich keine Kunst. Selbst wenn wir den Begriff des Bewusstseins in seiner gröbsten, allgemeinsten, ja sogar unklarsten Form verwenden, können wir konstatieren: Sobald da ein Bewusstsein ist – selbst ein Proto-Bewusstsein über sich selbst und die Welt – so kann und wird eine Domäne des Handelns auftauchen, die als das Künstlerische beschreibbar ist. Anthropologische Studien und die Sichtung frühester Höhlenmalereien scheinen dies zu bestätigen. Die frühsten uns bekannten Höhlenmalereien deuten ganz deutlich auf Selbst-Bewusstsein hin; man denke an die Malereien der Pettakere-Höhle, die Hände zeigen und die, intuitiv interpretiert, eine künstlerische Darstellung der Selbsterkenntnis an sich darstellen. Mit dem Menschsein an sich emergierte die Kunst. Kunst besteht immer in der Repräsentation – und Verzerrung – dessen, was wahrgenommen wird, selbst wenn das, was wahrgenommen wird, vollkommen innerhalb der des phantasierenden Subjektes selbst liegt. Und welchen Nutzen soll schon ein Bewusstsein haben, dass nicht zur Kunst fähig ist? Insofern wollen wir hier Kunst – auf der höchste Ebene der Abstraktion – als eine der grundlegendsten Anthropotechniken verstehen, die sich entfalten, sobald menschliches Bewusstsein auftaucht.

Dieses in der Frühgeschichte auftauchende, selbstreflexive Bewusstsein wird seinen Träger zweitens auch in die Lage versetzen, zielorientiert *Welt und ihre Bestandteile durch Handlungen absichtlich zu manipulieren.* Dazu müssen Welt und ihre Elemente identifiziert und bewertet werden können, oder der Mensch muss zumindest versuchen, sie zu verstehen. Ohne Bewusstsein können, so könnte man anführen, keine zielführenden Manipulationen der Umwelt, kein Feuer, keine Werkzeuge und keine Behausungen und späterhin auch kein Rad, Buchdruck oder Smartphone auftauchen. Der Mensch wird in zunehmenden Maße in der Lage sein, sich selbst in der Welt zu verorten und bemerken, dass seine eigenen Handlungen nicht nur Einfluss auf die Welt an sich haben, sondern, schreitet die Evolution des Bewusstseins ausreichend fort, rekursiv auf das eigene Selbst. Das heißt, neben Kunst als distinkte Handlungssphäre und Anthropotechnik entsteht eine weitere und vollkommen unterschiedliche *Handlungssphäre*, nämlich das T e c h n i s c h e, sei es bald in Form von Jagd und Naturgestaltung, sei es bald in den vielfältigen Weisen der Welt-Manipulation, aus der sich im Laufe der Zeit und viel später die konkrete Wissenschaft und Technik entwickeln werden. Medizin, Architektur, Physik – sie alle entwickeln sich aus dieser Handlungssphäre der

Technik, des Handelns und der Manipulation der Welt, und nicht umgekehrt. Deshalb zeigt sich der Wert einer wissenschaftlichen Theorie in seinen Anwendungen. Natürlich, und es ist angemessen dies anzufügen, treten im Laufe der Zeit – oder man könnte auch sagen: auf niederer Abstraktionsebene – Überlappungen der generellen Handlungssphären auf; zur Entwicklung neuer Werkzeuge etwa ist immer auch Kreativität notwendig; mithin künstlerische Verzerrung. Doch dies soll uns nicht von den grundsätzlichen Domänen oder Anthropotechniken ablenken, die, wenn zunächst auch als Protoformen, auftauchen, sobald reflexives Bewusstsein auftaucht. Diese Unterscheidungen sind nicht-trivial, der Gegenstand oder Handlungsbereich der einen zur anderen Domäne ist nicht austauschbar. Kunst ist immer Repräsentation des Weltlichen, Technik immer Manipulation des Weltlichen.

Sobald Bewusstsein in seiner selbst-reflexiven Grundstimmung auftaucht, *verfügt sich das Bewusstsein auch in Beziehung zu Anderen.* Der Metabereich von Verhalten, der sich über das Instinktive erhoben hat, erfährt seine Reziprozität mit Anderen, die dieselbe Erfahrung der Welt machen. Nur so – über einen sozial koordinierten Bereich von Verhalten – kann Sprache entstehen. Als Protoform tritt diese dritte Handlungssphäre oder Anthropotechnik auf, wenn der Mensch mit einem oder mehreren Anderen interagiert, der er selbst sein könnte, und die es erfordern, dass das eigene Verhalten so reguliert wird, dass das Überleben in und mit der Gruppe möglich wird. Kommunikation beginnt, wenn man die Tatsache seiner eigenen Bewusstheit in das Gefäß des Anderen, den Körper, projiziert und damit ein wechselseitiges Verhalten initiiert, was der Organisation und dem Überleben der Gruppe dienen wird. (Dieser übrigens gottähnliche Akt, Bewusstsein in das Gefäß des Körpers des anderen zu projizieren wurde, schon früh in den biblischen Geschichten kodiert, nämlich wenn Gott Adam aus einem Stück Lehm formt und ihm Leben einhauchte; nicht ganz uninteressant, weil Spirit, das englische Wort für Geist und der Stamm des Wortes Spiritualität, vermutlich von dem indo-europäischen *(s)peis* stammt, was eine Lautmalerei des Atmens und des Flöte-Spielens war) Mit anderen Worten, eine dritte Handlungssphäre, die man das E t h i s c h e nennen könnte, eröffnet sich als essenzieller Teil des Menschseins, gewiss als Protoform und ohne konkreten Namen, als Weise, das unbestimmbar Komplexe des menschlichen Geistes in soziale Einfachheit und Orientierung zu überführen, etwas, was sich im Verlaufe der Jahrtausende der menschlichen Entwicklung viel später in die untergeordneten Anthropotechniken Politik, Moral, Soziales, Pädagogik, Wirtschaft etc. kondensieren wird. Ethik erscheint hier also als die dritte Handlungssphäre oder grundsätzliche Anthropotechnik, zu der sich das Bewusstsein ermächtigt, sobald es erscheint.

Und schlussendlich taucht eine vierte Handlungssphäre mit dem Bewusstsein auf, indem dieses beginnt, sein *eigenes Zustandekommen oder die Bedingungen seines Auftauchens und Da-Seins, in welch rudimentärer Form auch immer, zu hinterfragen und zu thematisieren.* Es ist dies ein zunächst vorsichtiges Nach-Innen-Schauen, welches das Problem der Rätselhaftigkeit der eigenen bewussten Existenz zu lösen versucht. Mit der Frage nach dem eigenen Dasein muss es notwendigerweise seinen Gegenwert, den des

Nicht-Seins, den Tod, kontemplieren, und vielleicht ist diese Erkenntnis des zukünftigen eigenen Todes das Agens, was die Emergenz des Bewusstseins überhaupt in Bewegung setzte. Diese quasi Nach-Innen-Wendung konstituiert jedenfalls eine eigene Sphäre des Handelns. Welchen Sinn sollten frühste Begräbnisrituale und heilige Stätten und Tiere haben, wenn ihnen nicht zumindest das *Gefühl* der Sonderbarkeit des eigenen Seins und die Möglichkeit und Notwendigkeit des zukünftigen Nicht-Seins zu Grunde liegt. So eine vierte Handlungsdomäne könnte man nun das *Geistige* nennen, die sich in den folgenden Jahrtausenden in Psychologie und Mystik und Geistesphilosophie und Spiritualität zu differenzieren sucht. In ihr kommt all das zum Tragen, was die eigenständige Koordinierung – und man könnte vielleicht sagen: Selbstdisziplin oder Kontrolle oder Steuerung des sich selbsterfahrenen Bewusstseins – zur Folge hat.

Es ist naheliegend anzunehmen, dass sich Spiritualität als solche in dieser Handlungssphäre des Geistigen als eigenständige Anthropotechnik entwickelte. Ohne Geist, ohne Psyche: keine Spiritualität. Aber es ist von großer Bedeutung, Spiritualität als dies zu verstehen, nämlich als Handlungsmodalität! Diese generelle vierte Handlungsdomäne jedenfalls wird sich bekanntlich im Verlauf der kulturellen Gezeiten in Schamanismus und Religion, aber auch Psychologie (wie auch Teilbereiche der Philosophie) differenzieren. Doch all diese Formen sind, vollkommen ungeachtet all ihrer spektakulären Errungenschaften, lediglich ein Wimpernschlag in der Geschichte der Evolution des Bewusstseins selbst, welches, ausgehend vor seinem ersten Auftauchen vor vielen hunderttausend Jahren, sich selbst zu erkennen drängt, zunächst durch Geschichten und Mythen von Tod und Wiedergeburt, später von Göttern und durch Dramen, zuletzt von Unterbewusstsein und Über-Ich und den vielfältigen Theorien und Modellen der Psychologie. Es wäre ein Fehler, etwa sie, die Psychologie, als einzigen Referenzrahmen für dieses grandiose Unternehmen der Selbstuntersuchung dieser vierten Handlungsdomäne zu wählen. Nur weil wir heute eine klare, ja empirische Methode für psychologische Dimensionen haben, heißt dies nicht, dass es den Forschern der Vorzeit, nur weil ihnen ein modernes Vokabular fehlte, in irgendeiner Hinsicht an Einsicht oder Intelligenz fehlte. Es wäre ein grundlegender Fehler, mindestens dreihunderttausend Jahre ‚spiritueller' Menschheitsgeschichte für einhundertfünfzig Jahre Psychologie einzutauschen! Psychologie und Religion aus Ausdruck dieser Nach-Innen-Wendung sind geschichtlich betrachtet also relativ junge Erscheinungsformen – ihnen zuvor kommt ein spirituelles Verhaltensspektrum, das mit dem Menschen selbst auftauchte. Hinzu kommt, dass wir trotz der spektakulären Erfolge der Psychologie immer noch nur einen kleinen Teil davon verstehen, was uns als Menschen ausmacht. Wir wissen immer noch nicht, was Bewusstsein an sich ist. Wir sind immer noch im piaget´schen Dilemma gefangen, dass wir handeln müssen, um zu erkennen, was in uns verborgen ist, jedes Individuum und jede Generation aufs Neue, Schritt für Schritt tiefer in das Chaos, um neue Ordnung und neues Wissen zu gewinnen. Wir sollten also die Erkenntnisse der Alten nicht vorschnell übergehen.

Unsere A u s g a n g s s i t u a t i o n, unsere Definition, oder man könnte auch sagen, unser gewähltes Narrativ ist also jenes, dass sich das auftauchende und zart-reflexives Bewusstsein sowohl in Bezug auf die Welt (Technik), als auch in Bezug auf Andere (Ethik), als auch in Bezug auf sich selbst (Geist) steuern sowie künstlerisch repräsentieren kann. Oder auch: Das Bewusstsein kann sich nur auf die Welt, auf Andere, oder sich selbst beziehen und diese Beziehungen künstlerisch zum Ausdruck bringen. Die Menge der Handlungsmöglichkeiten ist begrenzt und bringt gleichzeitig doch die unendliche Komplexität unseres Menschseins hervor. Bewusstsein differenzierte sich in Relation mit diesen vier Domänen aus, und in der Weise, in der sich diese Handlungsdomänen im Laufe der Jahrtausende in konkrete soziale Felder (wie Pädagogik etc.) kondensierte, differenzierte sich das Bewusstsein selbst aus; die Evolution des Psychischen und des Sozialen sind ja bekanntermaßen aneinander gekoppelt. Wir wollen dies hier als narrative Grundvoraussetzung nehmen: Mögen diese grundsätzlichen Unterscheidungen von vier Handlungssphären – *Kunst*, *Technik*, *Ethik* und *Geist* – letztlich gerechtfertigt sein oder nicht – und die moderne Anthropologie wird für dieses Argument eher unterstützend wirken – so wollen wir diese einleitenden Unterscheidungen zumindest als ein Denkmodell nutzen, um die unterschiedlichen Weisen zu umfassen, wie wir uns verhalten können, auch und vor allem, um den Bereich, in dem Spiritualität auftreten kann, etwas einzugrenzen: Spiritualität speist sich eben durch eine initiale und explorative Nach-Innenwendung des Geistes selbst, und etwa nicht durch künstlerische Bestrebungen, Repräsentationen von der Welt zu erzeugen oder, um soziale Kohäsion zu erzeugen, wie es von einigen Religionswissenschaftlern angenommen wurde. Diese vier Handlungssphären oder Anthropotechniken können eben nur unter Bezugnahme auf das Bewusstsein entstehen, und zwar, indem sich das Bewusstsein auf die Welt, auf Andere oder sich selbst bezieht. Es ist das Bewusstsein, welches sich in bester piaget`scher Manier ausdrücken und manifestieren muss, um seinem ganzen Potential gerecht zu werden, *bevor* es selbst weiß, was es tut.

Auch müssen wir hinzufügen, dass selbst wenn diese vier Domänen oder grundlegenden Anthropotechniken heute relativ klar voneinander abgrenzbar sind, dies nicht zwangsläufig vom Anfang der Menschwerdung an so gewesen sein muss; viel eher muss man annehmen, dass sich die Domänen überlappten und erst mit den Millennien immer weiter ausdifferenzierten, und mit ihnen das Bewusstsein an sich. Der archaische Priester war ursprünglich eben auch der Künstler oder derjenige mit den besonderen technischen Fähigkeiten.

Die menschliche Psyche, beziehungsweise der menschliche Geist, beginnt also, auf sein eigenes Zustandekommen empört zu reagieren und sich selbst explorativ zu untersuchen. Insofern mag am Anfang eine Art seltsamer Verwunderung ob des eigenen Daseins bestanden haben. Doch diese reflexive Wendung markierte den Beginn aller mythologischen, religiösen und psychologischen Modellbildungen. Das Bewusstsein ist also das Wesentliche. Sobald also menschliches Bewusstsein sich erhebt, werden notwendigerweise auch die Grundlagen für spirituelle Verfahrensweisen gelegt, und obwohl die kulturellen Ausprägungen der Traditionen in ihren Zeiten variieren, müssen sie sich, weil sie einer bestimmten Bewusstseinsstruktur entspringen, notwendigerweise relativ ähnlich sein.

§ 2

Unser Ausgangspunkt zu der Natur und, wenn man so will, den Ursprüngen der Spiritualität, ist also das Bewusstsein, und wir begannen, indem wir von der Frage der Nützlichkeit ausgingen, also der Frage, was man mit einem Bewusstsein tun kann, sobald es auftaucht. Es spielt dabei erst mal keine Rolle, ob erst das Bewusstsein auftaucht und sekundär die vier Handlungssphären, oder ob es sich gemeinsam mit den grundlegenden Anthropotechniken erhebt, oder ob das Bewusstsein selbst ein sekundäres Resultat oder eine Emergenz ist, die sich aus den auftauchenden Handlungssphären ergab. Ich denke, je nach Analyseebene, ist alles davon gleichermaßen wahr. Wir wollen die Beantwortung dieser Frage jedoch anderen überlassen.

Sobald wir fragen, wie wir es getan haben, was wir mit dem Bewusstsein machen können, anstatt was es denn sei, rufen wir die Zukunft an. Wir überlegen unsere Möglichkeiten, simulieren mögliche Anwendungen. Tatsächlich können wir seine Eigenschaften besser eingrenzen, wenn wir fragen, was es tun kann, anstatt, was es ist. Zu welchen Permutationen und Wandlungen ist es also in der Lage? Durch diese Inbezugsetzung von Gegenwart und Zukunft werden wir uns der Möglichkeiten und Grenzen des Bewusstseins bewusst. Wir bestimmen es durch seine Möglichkeiten. Tatsächlich kommt diese

Möglichkeit der Bestimmung des Bewusstseins durch die Zukunft nicht von ungefähr.

Unsere folgende Argumentation basiert auf der relativ jungen psychologischen Erkenntnis, dass unsere Fähigkeit zur Zukunft – wiewohl die Erkenntnis der Zukunft an sich – die größte Erfindung des archaischen Menschen, oder des Mensch-artigen, *Hominiden*, ist, und gleichzeitig das, was uns zu Menschen macht. William James hatte schon den Grundstein für diese Erkenntnis, gelegt als er erkannte, dass Denken immer für das bewusste, auf die Zukunft gerichtete Tun da ist. Die Erfindung der Zukunft – die Entwicklung des internalen, kognitiven Schemas einer Zukunft, manchmal auch die *Matrix des Möglichen,* genannt – hängt ganz eng mit der Bildung eines selbstreflexiven Bewusstseins, wie es bislang nur beim Menschen auftrat, zusammen. Nur wir können hypothetische mentale Simulationen über bestimmte Szenarien anfertigen. Wir wissen, dass wir mit diesen internen Simulationen von anderen Vergangenheiten oder möglichen Zukünften unsere inneren Zustände und Verhaltensweisen regeln können. Wir können darüber nachdenken, was wir falsch gemacht haben und besser machen wollen. Das gilt für den prähistorischen Menschen ebenso wie für uns heute. Die Fähigkeit zur Zukunft ist das, was uns und unser Bewusstsein grundlegend auszeichnet. Unser Bewusstsein ist nicht nur ein Bewusstsein über das, was ist, und damit eine subjektive Repräsentation von sensorischen Informationen; etwas, was wir Tieren durchaus unterstellen können. Unser Bewusstsein ist auch immer die Simulationen von Möglichkeiten, was wir zukünftig machen können, und zwar auf einer fundamentalen Ebene.

Denn was kennzeichnet uns als selbst-bewusste Lebewesen mehr als diese Erkenntnis, dass etwas anderes auf uns zukommen und sich ereignen kann, als das, was ist? Wir sind umgeben von einer temporalen Dimension der Potenzialität. Die Erfindung, ja die psychologische Kategorie, dass etwas anderes in Erscheinung tritt als das, was unmittelbar vor uns steht: Vielleicht steht diese Erfindung am Anfang des Menschseins, vor aller Kunst und Felsmalerei, vor allen Megalithstätten und Begräbnisritualen, und vor allen Versuchen, die Natur zu domestizieren. Ist nicht jeder Versuch, sich künstlerisch, technisch, moralisch oder spirituell zu verhalten sinnlos ohne eine Konzeption, ja ein Verständnis des Zukünftigen, von etwas und der Erkenntnis, dass etwas sein k a n n? Wozu *sollten* wir irgendetwas tun, wenn ‚tun' etwas meint, das über das rein *Instinktive* hinausgeht? Die Zukunft als Idee macht uns zum Menschen. Sie fordert uns heraus, neue Verhaltensweisen zu zeigen, weil die bisherigen nicht mehr angemessen sind. Die Zukunft existiert im Moment zunächst nur als eine Fantasie, oder als eine kollektive Halluzination, die uns hilft, uns aufeinander einzustimmen, um zu überleben. Wir sind zukunftsorientierte Wesen, fühlen uns stets zur Zukunft gezogen, weil sie das Unbekannte birgt – im Gegensatz zur bekannten Vergangenheit. Menschsein heißt auch und vor allem, sich der Zukunft zu bedienen.

Und was für eine grandiose Abstraktionsleistung des archaischen Menschen muss es gewesen sein, aus dem vereinzelt Neuen und Unerwarteten die umfassende Kategorie des Zukünftigen-an-sich zu machen, als das, aus dem alles entspringen kann? Das Gegenwärtige ist hier, bestimmt und überschaubar. Doch die Zukunft, sie ist unklar, unsicher und unstrukturiert. Sie wird wahrnehmbar, wenn etwas geschieht, was nicht in die Ordnungsschemata des Gegenwärtigen passt; wenn etwas wird, was vorher nicht war, und wenn die Menge all dessen, was wird, erwartet oder unerwartet, zu eine Kategorie geordnet wird. Wir haben heute diese Konzeption des Zukünftigen oder der Zukunft-an-sich so internalisiert, dass wir kaum darüber nachdenken, was für eine Herkulesleistung – evolutionär betrachtet – es gewesen sein muss, aus der tierisch-instinktiven Gegenwart herauszutreten und eine Vorstellung von der Zukunft oder des Zukünftigen-an-sich formen zu können. Wie viele Millionen Jahre schlummerten wir im Traum des Gegenwärtigen? Was ermöglichte uns die Zukunft? Wir können uns vorstellen, dass wir heute ein beliebiges Tier nehmen und hundertausende Jahre in die Vergangenheit platzieren könnten, ohne dass es für das Tier irgendeinen gravierenden Unterschied machen würde. Ein heutiger Schimpanse würde sich – eingegliedert vor 100.000 Jahren – in derselben Nische zurechtfinden können. Für den Menschen ist dies unmöglich.

Womöglich ist die Erfindung des Zukünftigen mehr *Errungenschaft* als Erfindung; durch was wir ihrer möglich wurden ist alles andere als offensichtlich. Zukunft muss konzeptualisiert werden: Ist es nicht diese Fähigkeit, aus dem Strom des gegenwärtigen herauszutreten, die uns von dem instinktiv-tierischen unterscheidet? *Womöglich erwächst Bewusstsein selbst mit dieser Spannung zwischen heute und morgen*, hier und gleich, realem und vorgestelltem, und damit der Möglichkeit, seine gegenwärtigen Handlungen im Kontext des unbestimmt Anderen ausrichten zu können. Heißt nicht S i n n, einen kohärenten Zusammenhang zwischen der Gegenwart und der Zukunft erzeugen zu können? Dürstet es uns Menschen nicht nach Sinn? Ist nicht dies Sinnhafte unser tiefster Instinkt und Kompass geworden? Verzweifeln wir nicht, wenn uns Sinn verloren geht, und stellen unsere Existenz – ja unsere bewusste Erfahrung – selbst infrage?

Wie lange also verweilten wir im Traum der Gegenwart, bis wir, durch plötzliche Selbstreflexion unsere Nacktheit – das heißt: unsere Ungeschütztheit im Angesichte der Zukunft – erkannten und wie Adam und Eva in die Zeitlichkeit entlassen wurden? Welcher Art waren die Schlange, die uns verführte, und der Baum der Erkenntnis von Gut und Böse, der uns befreite? Um etwas als gut oder böse zu identifizieren, muss man aus der reinen Gegenwart heraus treten und vergangenes Verhalten analysieren. Wir verließen den Garten, den die Tiere niemals verlassen können, und wir begannen uns selbst und Natur zu domestizieren: Nur so konnte das Ungewisse des Zukünftigen gebunden werden. Wir griffen über das Gegenwärtige hinaus, in das Dunkle, das Chaotische.

Die Kategorie des Zukünftigen besteht dann in der doppelseitigen Erkenntnis, dass das Morgen sowohl Glück als auch Schrecken bringen kann. Es kann das, was ist, zerstören oder fördern; wir wissen nicht, was geschehen wird, bis es geschieht. Wie Natur zerstören kann, bringt sie auch das Leben hervor, unerwartet, überraschend, glorreich. Es ist dies notwendigerweise die Zweiseitigkeit der Darstellung der Göttin, Leben hervorbringend – Isis, Nu, Artemis – und das Leben zerstörend – Kali, Nemesis, Sekhet. Wie ein Wunder musste der beginnende Frühling für die erwachenden Hominiden sein: die Geburt des Neuen, die Erneuerung des Lebens. Und was für ein Schrecken, dass genau diese Natur unterschiedslos dies kostbare Leben im Herbst und Winter oder durch schiere Laune zerstören kann.

Die Zukunft, das ist insofern immer jenes Ungewisse, aus dem der Schrecken, aber auch die Glorie entspringen kann. Es ist das Wissen um Gut und Böse, oder: von guten und schlechten Ereignissen und Verhaltensweisen. Irgendwann musste der Mensch dieses Ungewisse antizipieren, musste sich über die Gegenwart erheben, und musste erkennen, dass sein Versuch, die Zukunft zu bewältigen, bald der Vergangenheit angehörte. Zeitlichkeit, subjektives Zeitempfinden, muss am Grundfundament des Bewusstseins liegen. Die Zukunft birgt Schrecken aller Art, kurzfristig oder langfristig. Aller Schrecken, der jetzt nicht da ist, mag aber in der Zukunft erscheinen. Die Zukunft kann alles zerstören, was wir aufgebaut haben, durch Fluten und Bestien und das Wirken anderer Menschen. Die Zukunft ist der stete Quell des Wandels und der Zerstörung. Dass wir irgendwann zur Zukunft fähig wurden, hat nicht nur unseren Handlungsspielraum erweitert, sondern gleichzeitig auch den Raum der möglichen Gefahren. Und wir lernten, unser Handeln so auszurichten in dem Versuch, die möglichen Gefahren in der Zukunft zu minimieren. Und obwohl man argumentieren kann, dass Kultur und Gesellschaft, in ihrem Kern, nichts anderes sind als der gemeinschaftliche Versuch, Ungewissheit und Gefahr zu reduzieren, so ist es doch Teil unseres existenziellen Dilemmas, dass jeder Einzelne zu jedem Zeitpunkt in den Schrecken und das Chaos geworfen werden kann. Jede Mauer und jeder

Wall und jede Struktur, die wir zum Schutz vor dem Ungewissen aufbauen, mag und wird fallen. Sicher sind wir nicht.

In diesem Versuch, die Zukunft zu bändigen, liegt implizit die Erkenntnis, dass das Ungewisse immer k o m p l e x e r ist als die eigene Erwartung, und dass sie immer unberechenbar bleibt. Der Mensch verbleibt angesichts der Unendlichkeit destruktiver Möglichkeiten kontinuierlich überfordert, die Welt verbleibt stets komplexer. Auch heute müssen wir, durch unsere kulturellen Institutionen und unser Wissen versuchen, das Ungewisse zu bändigen. Wir versuchen uns zu beruhigen. Doch es lässt sich nicht bändigen. Die Zukunft bleibt immer das Andere. Und je rigider die Festungen gegen die Unberechenbarkeit werden, umso höher die Wahrscheinlichkeit, dass das Chaos wie ein Tsunami über uns hereinbricht und alles zerstört. Die Zukunft ist nur bedingt berechenbar, das ist ihre Natur. Nicht umsonst ist die Bewältigung der Zeitlichkeit eines der Grundmotive und Fragen des Menschen. Wie sollen wir umgehen mit unserem Leben im Angesicht des eigenen Todes? Wonach sollen wir streben, wenn alles vergänglich ist? Diese Fragen liegen am Anfang einer jeden Spiritualität und ein jeder Religion. Durch welche Rituale, durch welche Opfer, können wir den Stamm oder die Gruppe sichern? All diese Fragen machen ohne die Kategorie der Zukunft kaum oder gar keinen Sinn.

Menschliches Dasein heißt, diesen steten Wandel des Jetzigen zugunsten des Zukünftigen antizipieren und verarbeiten zu können, sowohl was den Aufbau von neuen Strukturen aus dem Ungewissen angeht als auch

Loslösung von alten Strukturen zugunsten des noch nicht verwirklichten und unstrukturierten.

§ 3

Es gibt da die grundlegende Einsicht, dass unser heutiger Kultur-Pessimismus historisch gewachsen ist, und der Tatsache entspringt, dass wir, als Menschen, einen Großteil unserer Jahrtausende währenden Kulturzeit in furchtbar miserablen Verhältnissen gelebt haben. Armut, Krankheit, Kälte und eine schier unfassbare Anzahl von Kriegen und Konflikten bestimmten unser Leben. Die Sicherheit und Wohlbehagen, welches wir kennen und genießen, ist keine einhundert Jahre alt. Unser Pessimismus – die Sorge vor schlechten zukünftigen Ereignissen – ist hingegen historisch und memetisch verankert, und dies trotz des rationalen Wissens, dass langsam alles besser wird, dass wir älter und länger gesund bleiben, dass täglich hunderttausende Menschen aus der Armut gehoben werden durch die Systeme, die man Demokratie und Kapitalismus nennt, dass die Anzahl der Kriege absolut gesehen abnehmen, auch wenn einem die sozialen Medien mit ihren Zerrlinsen etwas anderes glauben machen wollen. Hinzu kommt die Erkenntnis aus der Psychologie: Schmerzhafte Ereignisse wiegen für das Individuum schwerer, als positive Erfahren gut tun. Über diese psychologische Tatsache lässt sich kaum diskutieren. Leid wiegt schwerer als Glück, einfach gesagt, und womöglich ist dies einer der Gründe, warum eben Leid, und die Überwindung des Leides, das Fundament aller Religionen bildete, und nicht das Streben nach Glück in der Gegenwart. Die Zukunft mag sowohl Schrecken wie auch Glorie bringen. Und doch fürchten wir das eine mehr als wir am anderen frohlocken. Und das eine wird immer mehr Motivation zum Handeln und Anlass für Kreativität sein als das andere. Es ist dieses motivationale Drängen, das Leid zu vermindern, welches uns hoffnungsvoll in die Zukunft streben lässt. Aus der Krise entspringen die Ideen, entspringt der Wandel, vielmehr als aus der Sicherheit und Bequemlichkeit. Kann etwa, wir wollen hier etwas spekulieren, ein tieferes, ein ‚wahres' oder ‚authentisches' Selbst erlangt werden, ohne das nicht ein Krieg innerhalb der Seele den Anlass dazu bieten mag, überhaupt danach zu suchen? Kann eine irgendwie spirituell veranlagte Transzendenz stattfinden aus einer selbstgenügsamen Wohlstandshaltung, die die innere Krise nie gekannt hat? Musste Buddha nicht erst den Tod und die Krankheit mit eigenen Augen erkennen, bevor er das Rätsel der Existenz zu lösen beabsichtigte?

Das Auftauchen des Schemas der Zukunft und ihrer Möglichkeiten, könnte man sagen, zwang uns zum Handeln; die Idee des Zukünftigen macht uns zu kognitiven *Handlungssystemen*, wenn dies heißt: Wir müssen uns bewusst oder unbewusst in Bezug auf das zukünftig Mögliche und damit auch die Gefahr konfigurieren. Die Zukunft, diese Matrix des Möglichen, ruft den Willen an und bringt ihn hervor. Wir müssen internal hypothetische Szenarios simulieren, um überlebensfähig zu bleiben. Wenn wir Handlung als die bewusste Konfiguration der Erwartungshaltung und des Verhaltens im Hinblick auf eine potenzielle Zukunft verstehen, müssen wir mutmaßen, dass Tiere nicht in diesem Sinne handeln können, ja, dass sie keine internen Simulationen über unterschiedliche Zukünfte auf passendes Verhalten anfertigen können. Diese Unterscheidung ist wichtig, kennzeichnet sie doch das rein Menschliche: Eine Handlung findet statt, wenn die in der Psyche erzeugte Spannung zwischen jetzt und später (in der Psyche selbst) reproduziert wird, zirkuliert und weitere Simulationen erzeugt: *Was wäre möglich, was könnte ich tun, was will ich tun, wie kann ich es tun, und was passiert danach*? Ist diese Frage einmal gestellt, sind diese ersten Simulationen erst einmal – und sei es nur gefühlt oder prä-verbal – in Gang gesetzt, eröffnet sich eine Unendlichkeit von weiteren Möglichkeiten, eine Unendlichkeit von weiteren und folgenden Simulationen und Iterationen.

Verbleiben wir so, wie wir sind, dann wird uns die Komplexität der Zukunft langfristig erdrücken, weil uns die Mittel fehlen, uns den Möglichkeiten und Gefahren des Ungewissen anzupassen. Aus der Zukunft gebiert die Möglichkeit der Veränderung der Welt oder der Veränderung des Selbst, und damit ein Spielraum, der Ungewissheit der Zukunft entgegenzuwirken und es zu bändigen. Mit der Kategorie der Zukunft entstehen gleichzeitig Kategorien des Verhaltens und Strategien über Simulationen. Mein naives In-der-Welt-Sein wird gestört und kann nur gestört werden durch diesen Angriff des Unbekannten, durch den das In-der-Welt-Sein, und damit ich selbst in der Welt, gestört wird. *Und durch diese Differenz entsteht das Bewusstsein der Störung und Gefahr.*

Wir können n i c h t nicht handeln. Bewusst in der Gegenwart zu sein erfordert unendlich viele Operationen: Wahrnehmungen, Perspektiven, Gefühle, Emotionen Gedanken und Vorstellungen – alles Dinge, die man tut. Allein die Verortung des Körpers im Raum ist – für den Menschen – eine kognitive Handlung; hinzu kommen Sprech- und Denkakte und Interaktion mit Anderen oder der Welt. All diese Handlungen sind notgedrungen motiviert und zielorientiert: Die Psychologie weiß schon lange, dass wir nicht ohne Motivationen handeln können. Eine spirituelle Injunktion wie *Be here now!* ist, wie wir später sehen werden, insofern eine närrische Aufforderung, die die Vielfalt zukunftsorientierter Handlungen ignoriert. Passender schon erscheint die Vorstellung der *Kenosis*, die einerseits eine völlige Selbstentleerung meint, um andererseits von einem ‚göttlichen Willen' erfüllt zu werden, was immer das zum gegenwärtigen Zeitpunkt auch bedeutet.

Bleiben wir im Konkreten, so wissen wir, dass selbst die Tiefenzustände der Meditation Formen von Handlungen sind; vollkommenen Stillstand gibt es nicht; man mag die Atmung und den Zirkellauf der Gedanken beruhigen, man mag bis in die tiefsten Schichten des Psychischen vordringen, man mag die gestaltfreie Konzentration erlangen und die Simulationen, durch die die internen Konzeptionen der Welt und des Selbst aufrechterhalten werden, unterbrechen und dekonstruieren; ja, man mag die Grenze zwischen innen und außen, zwischen Selbst und Kosmos unterlaufen, und trotzdem bleibt da eine Form von Kognition, ein letzter Zeuge, der sich verwirklicht, in dessen Natur sich Sein und Tun verschmelzen, und ohne den alle Kognition enden würde.

Anders herum bedeutet dies auch: Formen wir keine Zukunft – formen wir keine konkreten Ziele – können wir nicht wirklich handeln, wenn ‚wirklich' heißt: bestimmte Wirkungen zu erzeugen. Wir mögen affektgesteuert handeln, doch die Möglichkeit, die Unbestimmtheit der Zukunft in bestimmte Formen zu überführen, bleibt uns verwehrt. Ohne bestimmte Zukunftsvisionen können wir keine Kultur formen, und hätten keine Kultur formen können, die dem Leid etwas entgegensetzt und zur Verbesserung unserer Umstände führt. Darin konvergieren weltliche und spirituelle Unternehmungen schließlich: in der Verminderung des Leides. Kurzum, wir sind zukunftsgesteuerte Lebewesen, und was wir aus der Neurologie und Psychologie wissen, ist, dass uns diese Simulationen von möglicher Zukunft und möglichen Verhaltensweisen eines der Kernfundamente unseres Menschseins und unseres Bewusstseins ist. Um die spirituelle Dimension dieser Tatsache begreifen zu können, müssen wir kurz einen Blick auf das Bewusstsein selbst werfen.

§ 4

Es wird hier nötig sein, einen kleinen Exkurs vorzunehmen, der zunächst für die Frage, was Spiritualität will, irrelevant erscheint, dessen Bedeutung sich aber späterhin zeigen wird. Was, ganz allgemein, für Spiritualität gilt, nämlich dass sie kein Ding an sich ist, sondern ein Modus von Verhalten und Erfahrung, gilt ebenso für das Bewusstsein. Obschon hier der Artikel ‚das' zumindest sprachlich eine Nominalisierung nahelegt, scheint es ebenfalls eher einen Prozess darzustellen, dessen Grenzen schlecht zu definieren sind. Jedenfalls ist es kein Ding, welches man anfassen könnte. Dasselbe gilt auch für die Welt, *wie wir sie erfahren*. Bewusstsein ist immer auch Bewusstsein von irgendwas: Wir begreifen und erfahren jedes betrachtete Objekt subjektiv nur in Hinsicht darauf, was wir mit ihm potenziell tun können; seine Grenzen und Eigenschaften werden definiert durch unsere möglichen Simulationen in Bezug auf diesen Gegenstand, auch wenn diese Simulationen größtenteils nicht bewusst ablaufen. Mit anderen Worten: Das betrachtete ‚Objekt' ist in Wirklichkeit immer die Menge seiner für uns möglichen Manipulationen, und erhält seine Form in der psychischen Domäne nur durch diese Manipulationen. Eine Tür, zum Beispiel, würde alle ihre wahrnehmbaren Eigenschaften verlieren, wenn wir es irgendwie bewerkstelligen würden – und wie es durch psychoaktive Substanzen wie LSD ermöglicht wird – alle möglichen Anwendungen dieser Tür in unserem Geist zu eliminieren. LSD ist ja genau deswegen berüchtigt, nämlich die normalen Perzeptionen und die automatische Art und Weise, wie wir Simulationen und Interpretationen erzeugen, zu dekonstruieren. Eine Tür verliert jeden Charakter, wenn wir ihre für uns möglichen Anwendungen eliminieren. Was bleibt dann von der Tür, wenn sie keinen Namen und keine zugewiesene oder verstandene Funktion mehr hat? Für den Säugling ist die Tür, so wissen wir, tatsächlich non-existent, und zwar bis es das Konzept generiert und versteht, dass man die rechtwinklige Form (die sich von runden Formen unterscheidet) in der Wand öffnen und dort hindurchgehen kann, wenn man es dann irgendwie schafft, die Tür zu öffnen; was natürlich ziemlich schwer für Säuglinge ist. Psychologische Experimente haben gezeigt, dass wir in der Tat nicht viel mit der übrig gebliebenen Form (ehemals ‚Tür') anfangen können, sobald wir Namen und Funktion – also die möglichen Anwendungen – ausblenden. *Sie wird ein ununterscheidbarer Gegenstand, rückt in den Hintergrund, der sich nicht mehr auszeichnet oder von etwas anderem unterscheidet.* Eine Tür ist all ihre Anwendungen, zumindest für den subjektiven menschlichen Betrachter: Man kann durch sie Räume betreten oder verlassen; man kann die Wohnung durchlüften oder sich die Finger klemmen; man kann sie als Tapeziertisch oder für den Hühnerstall gebrauchen, oder im Streit mit einem Knall hinter sich zuwerfen; man kann sich mit ihr vor Eindringlingen oder vor Kälte schützen; man kann heimlich durch das Schlüsselloch spähen; oder sie kann als Traumsymbol als Übergang von einer zur anderen Welt erscheinen. Die Anwendungen einer Tür sind an sich relativ begrenzt und sie selbst ist immer die Gesamtheit ihrer Simulationen und Anwendungen – ohne diese verliert sie jede Bedeutung. Wenn die Psychologie und Neurologie irgendwas in den letzten einhundert Jahren gezeigt hat, dann ist es eben die Erkenntnis, dass wir ein Phänomen nicht verstehen können ohne die es begleitenden Anwendungen zu berücksichtigen.

Bewusstsein ist, und wir konzentrieren uns hier auf nur eine besondere Eigenschaft, insofern nicht ein bewusstsein über bestimmte Objekte, sondern was man mit bestimmten Dingen t u n kann. Wir lernen als Kleinkinder – auch das eine Erkenntnis von Jean Piaget – Objekte kognitiv zu verarbeiten, indem wir sie buchstäblich er- und begreifen, und die gelernten Anwendungen von dem wahrgenommen Objekt zu lösen hieße, es ununterscheidbar zu seinem ursprünglichen Hintergrund zu degradieren.

Es gibt, verweilen wir einen Moment bei diesem Zusammenhang, eine unzählige Vielfalt an Weisen, wie wir ein Phänomen betrachten könnten, welche A u f l ö s u n g wir wählen, und doch wählen wir stets nur bestimmte Auflösungen, weil es nur bestimmte wenige Weisen gibt, die nützlich oder funktional sind. Freilich kann man versuchen eine Tür zu nutzen, um irgendwie einen Nagel in die Wand zu schlagen; funktional ist dieser Ansatz indes nicht. Interessanterweise meint das englische Wort für Auflösung – *resolution* – gleichzeitig nun auch Entschluss oder Vorsatz, damit implizierend, dass unsere Auflösung der Welt (oder unseres Selbst) von unserem Willen, unserer Motivation und unseren Entscheidungen abhängt. Dies ist eine nicht-triviale Erkenntnis: Wie hoch-auflösend wir uns selbst begreifen wollen und wie tief unser Selbst-Verständnis ist – wie selbst-bewusst wir uns und unserer inneren Prozesse gegenüber sind – hängt nicht zuletzt von unserer Bereitschaft ab, unserem Willen, immer klarer zu sehen. Wir können etwa unseren inneren Unpässlichkeiten tilgen; oder wir können unsere Schatten anschauen, und wie tief wir gehen, hängt von unserem Willen ab; C. G. Jungs Vorstellungen etwa war, dass unsere psychologischen ‚Schatten' bis in die archetypische Hölle zurückreichen; die Tiefe, mit der wir einen psychologischen Zusammenhang betrachten, hängt also auch von der Auflösung ab, die wir wählen, und den Willen, den wir anstrengen.

Als was wir dann Spiritualität betrachten können, hängt dementsprechend auch davon ab, was wir mit ihr t u n wollen, welche Auflösung wir wählen. Freilich können wir Spiritualität in oberflächlicher Weise als eine Collage von motivationalen Sprüchen und Affirmationen, dem Gefühl des Wohlbefindens und dem Streben nach Glück betrachten, was durch eine Art innerer Harmonie erreicht oder befriedigt werden kann. Oder wir können uns an ihren existenziellen oder architektonischen Kern herantasten und es als Werkzeug betrachten, durch welchen wir auf die Abläufe im tiefsten Maschinenraum des Geistes Einfluss nehmen können. Doch verbleiben wir, bevor wir uns der Spiritualität zuwenden, für einen Moment noch bei dem menschlichen Bewusstsein.

Als Handlungssysteme beobachten wir, wie wir mit bestimmten Phänomenen oder Objekten oder Formen umgehen können; darin sind wir Menschen einzigartig. Für uns Menschen macht die Zukunft aus jedem Objekt oder Phänomen oder Formen etwas, dass potenziell – weil in der Zukunft liegend – manipulierbar ist. Ohne das Konzept einer Zukunft-an-sich verliert jedes Objekt oder jede Form seine möglichen Anwendungen. Es wird ohne eine Zukunftsdimension nicht mehr identifizierbar. Das heißt aber auch, dass – weil wir nichts anderes tun als Formen zu manipulieren – die subjektiv erfahrene Welt der Form damit zu der Menge aller möglichen Manipulationen und Anwendungen wird.

Bewusstsein an sich ist dann aber konzeptionell nicht mehr von dem Wissen oder Gewahrsein über alle gegenwärtig möglichen Manipulationen zu unterscheiden. Die gegenwärtig erfahrene Welt ist immer die Menge aller möglichen Manipulationen und Simulationen. Mit anderen Worten: Bewusstsein ist auch immer das Bewusstsein darüber, dass es unterschiedliche Resolutionen über sich selbst und Welt anfertigen kann. Bewusstsein und Wille sind damit untrennbar miteinander verbunden, weil Wille mitbestimmt, wie und auf welche Weise Bewusstsein selbst erfahren wird.

Womöglich ist also menschliches Bewusstsein mit der Spannung von Gegenwart und Zukunft selbst entstanden. Wir alle kennen den ‚Geschmack' unseres eigenen Bewusstseins, fühlen den substanziellen Gehalt desselben, seine beständige Qualität. Und doch liegt es nicht fern anzunehmen, dass in dieser Spannung von Gegenwart und Zukunft in Bezug auf alle gegenwärtig möglichen Manipulationen all unsere Geschichte zum Tragen kommt, all unsere bisherigen Interaktionen mit den subjektiven Formen, all unsere vorherigen Manipulationen. Womöglich ist Bewusstsein nichts anderes als die Ganzheit dieser Interaktionen, sei es mit der subjekthaften Form oder dem Anderen in Form von intersubjektivem Austausch.

Ist also Bewusstsein ohne die grundlegende Spannung von Gegenwart und Zukunft überhaupt zu denken oder kann als solches bestehen? Es entsteht zumindest evolutionär und historisch mit dieser Spannung, kann aber, wie wir sehen werden, durch gewisse ‚spirituell' genannte Praktiken jenseits dieser Spannung bestehen; man denke etwa an die psychologisch-spirituelle Erfahrungswirklichkeit des nondualen, formlosen, allumfassenden Bewusstseins – *Nirvikalpa Samadhi* –, ein Zustand, in dem vereinfachend gesagt nicht nur die Dreifaltigkeit von Betrachter, Prozess der Betrachtung und Phänomen der Betrachtung zu Einem wird und in eine Erfahrung von Ganzheit übergeht, sondern in der auch die Differenz von Gegenwart und Zukunft verschwindet.

Bewusstsein entsteht auch dadurch, dass wir gewisse Formen als potenziell manipulierbar erkennen – sei es künstlerisch, technisch, sozial oder geistig – und verfügt doch gleichzeitig über das Potenzial, jenseits aller Form, zu dem das handelnde Subjekt selbst gehört, bestehen oder erhalten zu bleiben. Zu diesem Zwecke muss freilich die innere Repräsentation des handelnden Subjektes, das diese möglichen Simulationen ausführt, geopfert werden, und ein Großteil der religiösen Literatur besteht in den Weisen, wie dieses Selbst-Opfer zu bewerkstelligen ist, um in ein All-Bewusstsein einzutauchen. Der Nutzen davon ist offensichtlich. Wird die Differenz von Gegenwart und Zukunft überwunden, und damit alle Simulationen eines subjektiven Ichs, zu dem es selbst gehört, kann auch jedes existenzielle Leid, dem wir alle unterworfen sind, überwunden werden. Denn wenn es kein die Simulationen erzeugendes Subjekt gibt, gibt es dann subjektives erfahrbares Leid? Wir werden weiter unten einiges über diese Zusammenhänge zu sagen haben.

§ 5

Ist nicht, wenn wir den bisherigen Überlegungen Folge leisten, dann der Wille eine rein menschliche Fähigkeit, entsprungen mit dem Drang zur Zukunft, entstanden aus der Idee und Möglichkeit der Zukunft-an-sich? Die Matrix der Möglichkeiten erzwingt und bringt einen Willen hervor. Und wenn sich aller Wille der Zukunft bedient, um sich zu verwirklichen, und in das Unbekannte einzutauchen, was jetzt nicht ist – aber sein kann! – liegt so nicht in jedem Willen ein Funken von *Transzendenzverführung*? Eine Verführung, aus der Welt, und aus dem Selbst, etwas anderes zu machen als das, als das sie uns gerade erscheinen? Ja, sich selbst über das gekannte Selbst und die gekannte Welt zu erheben? Können wir insofern den menschlichen Willen von dem Streben nach

Transzendenz unterscheiden? Ist Transzendenz, mit anderen Worten, damit nicht notwendigerweise tief in dem Wesen des Willens eingebettet? Wenn dies so ist, denn haftet jeder Manifestation des Willens eine quasi spirituelle, eine tiefen-psychologische Dimension an, die weit über das hinausgeht, dessen wir uns im Alltag normalerweise bewusst sind.

Ich habe es schon an anderer Stelle gesagt, und bin nur zu gerne bereit, es zu wiederholen. Wir wissen gar nicht so genau, was der menschliche Wille eigentlich ist. Unsere Vorstellungen scheinen durch den preußischen Disziplingedanken, vor allem aber die seltsame Lesart Nietzsches so verdorben zu sein, als dass wir uns an den Willen herantrauen oder gar vollständig affirmieren wollten; wir sind wie Kinder, die sich einmal die Finger verbrannt haben. Wille – oder wie auch Sloterdijk sich ihm annähert als T h y m o s, als Wille und Passion – hat in unserer Gesellschaft keinen guten Leumund. Dennoch erscheint Wille stets mit der großen Kategorie, die wir Zukunft nennen. Die Zukunft, das ist immer das Rohe, das Ungekochte, das Ungeformte. In ihr, und aus ihr heraus, ist so gut wie alles möglich. An ihr hängen Versprechen und Bedrohungen. Sie vermag uns zu erheben oder nieder zu reißen. Doch einmal durch den Willen verwirklicht, sind wir jemand anderes, und die Welt erscheint in anderen Formen. Was auch immer Spiritualität ist – oder Bewusstsein, was das angeht – so können wir nicht den Transzendenzcharakter des Willens leugnen, der das Selbst und die Welt verändert. *Er ist das Agens der Transformation des Ungewussten ins Gewusste, und vom Chaos in die Ordnung und Struktur.*

Der Wille erhebt sich aus dem Gewussten und der Ordnung, will diese festen Stadtmauern des Bekannten verlassen, und dringt ein wie Sankt Georg in die Unterwelt, das Unbekannte, wie der Phallus in die Vulva. Wer hier eintritt, lässt alle Hoffnungen fahren und verwirklicht sich in der Kunst des Wollens. Oder scheitert. Wille formt Ordnung, verlässt sie, und konfrontiert das Chaos, um neue Ordnung zu erzeugen, und beginnt von neuem. Dies ist unsere menschliche Geschichte, und wie der Mensch diese Aufgabe bewältigt oder nicht, chiffrieren wir in Tragödie, Komödie, Romanze oder Satire.

Menschliches Dasein besteht immer in dieser den Willen affirmierenden Dichotomie von Sein und Werden, von Bekanntem und Unbekannten, von Ordnung und Chaos. Es sind Yin und Yang, die sich gegenseitig bedingen. Aus der Ordnung entspringt der Wille zum Chaos, der es erneut in Ordnung überführt. Das Chaos: das ist das Ungewusste, das Potenzial, das Heilige. Ist Wille – ist menschliches Streben an sich – daher nicht immer T h y m o s, immer maskulin, immer phallisch, in die feminine und komplexe und chaotische Natur der Welt eindringend und sich darin auflösend, um etwas Neues hervorzubringen? Dieser Gedanke erscheint der heutigen Idee der Spiritualität wie den postmodernen Empfindsamkeiten zunächst zu widersprechen, denn besteht die heutige Spiritualität nicht in der Affirmation des weiblichen, emphatischen, gemeinsamen, harmonischen und sozialen? Wird nicht heute Spiritualität als Verwirklichung weiblicher Ideale betrachtet, von Gemeinschaft und Verbundenheit, von Empathie und Gewaltfreier Kommunikation, von Ökobewusstsein und Gaia und der Mutter Erde?

Doch das Chaos ist das, dass stets an den Rändern der von uns geschaffenen Ordnung liegt, und tritt in unser Bewusstsein, wenn alte Kategorien aufgebrochen werden. Man befindet sich in der Domäne der Ordnung, wenn die Handlungen, die man durchführt, zu den gewünschten Ergebnisse führen; man befindet sich in der Domäne des Chaos, wenn das Verhalten nicht zu den beabsichtigen Ergebnissen führt. Ordnung heißt: Man bewegt sich im Bereich des Bekannten, und man weiß, was zu tun ist. Chaos impliziert immer das Unbekannte und Unerwartete, entweder, weil man etwas Neues anstrebt oder weil sich die Umwelt so verändert hat, dass altes Verhalten nicht mehr passt. Chaos ist der Urgrund des Potenziellen, des Möglichen, aber des noch nicht Verwirklichten. Es ist klar, dass man – als eine Form der Lebensregel – weder zu sehr im Bereich der Ordnung agieren will – weil man sich dann nicht verändert oder erweitert und weil man nichts lernt – als auch nicht zu sehr im Bereich des Chaos, weil dann jedes Verhalten zu unerwünschten Ergebnissen führt oder Ereignissen, für die wir keine Schemata haben. Diese feine Linie zwischen Ordnung und Chaos zu gehen, das Gewusste zu transzendieren, um aus dem Chaos neue Ordnung zu schaffen, ist Wille. Und nur durch diesen schöpferischen Akt, das Neue aus dem Chaos zu erzeugen, definiert sich Wille; und das heißt auch. Solange wir uns im Bekannten aufhalten, zeigen wir keinen Willen.

Ist also Spiritualität ohne Wille denkbar? Kann sie losgelöst sein von der Zukunft, losgelöst von idealen Vorstellungen und Zielen der Weisheit oder der Erleuchtung? Ist es nicht unser Wille, durch den wir transzendieren? In noch höherer Auflösung: *Kann Spiritualität vom Transzendenzstreben selbst befreit werden?* Wie sollen sie, wie auch Weisheit und Erleuchtung, ohne eine Veredelung des Willens selbst erreicht werden können? Gewiss nicht durch einen passiv erfahrenen Akt der ‚Gnade', jenes seltsame christliche Konzept, das neue Befürworter erhält. Wenn Spiritualität und wirkliche Erlangung auf intime Weise von der Evolution des Willens abhängen, dann ist der Akt der Transzendenz nichts anderes als der vollkommene Wille. Wäre insofern nicht anzunehmen, das am Kern des Menschseins sowohl Bewusstsein als auch seine Transformationen, Wille und Spiritualität liegen?

Wille zeigt immer auf die Zukunft der Welt und die Zukunft des Selbst. Weisheit dementsprechend, in den Verwirklichungen der Welt und des Selbst vertraut zu sein. Wir mögen schließen, dass jeder Wille daher die Reifung des Menschen impliziert, solange es wirklich Wille ist, solange das Chaos konfrontiert und in Ordnung überführt werden mag. Aller Wille scheint damit in letzter Konsequenz auf die Weisheit und Transzendenz und Erleuchtung des Menschen zu zeigen – was auch immer wir mit diesem Begriff bislang meinen. Bewusstsein über das Bewusstsein, und die Welt, und die Zukunft, finden in dem Willen und letztlich in der Spiritualität zusammen. Wann auch immer Bewusstsein entstand, entstand mit ihm der Wille zur Transformation und letztlich Spiritualität. Zukunft und Wille und spirituelle Transzendenz: Welch' heilige Allianz!

Was heißt es also, zu wollen? Eine einfache Annäherung wäre, dass unser Verständnis und unser So-Sein von unserem Selbst und der Welt eben geformte und stabile Strukturen sind, die wir aus dem uns umgebenen Chaos im Laufe unseres Lebens erzeugt und abgerungen haben. Dem Säugling erscheint die Welt als Chaos, dem Greis jedoch als starre Ordnung. Unsere Persönlichkeit ist immer das Resultat all unserer Entscheidungen, die, konfrontiert mit uns selbst und der Umwelt, selbst unserer Interpretation und Bewertung unterliegen. Was wir von der Welt lernen, lernen wir, weil wir mit ihr interagieren. *Wille ist dann nichts anderes als das Mittel, sich dem Chaos zu nähern, und Ordnung aus dem Chaos zu erzeugen.* Durch ihn nähern wir uns den Grenzen des Bekannten an, um das, was vorher unbekannt, ungeordnet und chaotisch war, zu ordnen - und damit neue Strukturen auszuformen. In dieser Hinsicht ist Wille immer das Mittel zur *Negentropie*, zur Ordnung aus dem Chaos.

§ 6

Wir wollen einen Moment bei der Idee des Chaos verweilen, denn wiewohl es zuweilen als ein abstraktes Konzept verstanden wird, könnte es konkreter nicht sein. Jeder kennt das Chaos, jeder hat es als das Ungewisse der Zukunft erfahren, dass in die Gegenwart eingedrungen ist. Was also ist das Chaos, dargestellt im Chaosdrachen, den der Erzengel Michael in der berühmten Statue niederringt? Das Chaos, ganz allgemein, tritt in Erscheinung, wenn man unerwartet gekündigt wird oder der Partner die Beziehung beendet; wenn man das unerwartete Anwaltsschreiben öffnet; wenn man eine erschreckende Diagnose erhält; wenn man mit einer psychedelischen Substanz nicht umgehen kann; wenn ein Attentäter wütet; wenn ein Orkan oder Feuer einen

Landstrich oder eine Gegend verwüstet. Wenn das Entsetzen auftaucht, weil die gegebene Ordnung, sei sie psychologisch oder sozial oder in welcher Form auch immer, zerstört wird, bestens beschrieben in E.A. Poes *Die Maske des roten Todes.*

Auf psychologischer Ebene lauert das Chaos jenseits unserer Narrative, durch wir Ordnung, Sinn und Bedeutung erzeugen und durch die wir uns selbst und die Welt erklären. Wir leben durch und mit Geschichten, mit und durch Narrative, und diese Narrative bestimmen unsere Weltanschauung, Perspektiven, Philosophien und politischen Einstellungen. Doch jenseits dieser Narrative, jenseits von Gut und Böse, lauert nur das Ungeformte, oder auch das Chaos, dem wir in diesem Fall den Namen und die Eigenschaft des Nichts gegeben haben.

Was ist das Chaos? Es ist das ohne Form oder Inhalt, unstrukturiert und roh. Es ist, in zunächst mythologischer Hinsicht, der Urgrund des Seins, aus dem alle Formen geschöpft werden. Es ist das *Tohouwabohu*, die Leere, aus der in christlicher Fasson die Welt erschaffen wurde, und das gleichzeitig Chaos ist. Man kann, und das ist hier von Bedeutung, das Chaos nicht wirklich bezeugen, geschweige denn, es beobachten, denn es ist bar aller Form. Dem Chaos Gestalt zu geben heißt, ihm Form zu geben. In dem Chaos Leere oder Fülle zu sehen heißt, ihm schon Form zu geben. Spirituelle Erfahrungswirklichkeiten wie Leere und auch Nondualität verweisen immer schon auf die Form, nämlich die Form der Leere; das reine Chaos, wiewohl es erfahrbar ist, entzieht sich kurioserweise unserer unmittelbaren Wahrnehmung. Und doch ist es das, aus dem die Form gebiert. Man könnte sagen: Die Leere, auch in ihrer advaitischen Fasson, ist die erste Form; das reine Chaos ist für uns ebenso wenig konzeptualisierbar wie ‚der Moment' vor dem Urknall.

Tatsächlich kodiert der Buddhismus präzise diese Unterscheidungen in Form der vier höchsten formlosen Zustände und Meditationen, den *arūpajhānas,* von denen die Buddhisten, in mythischer Sprache ausgedrückt, annehmen, dass sie zur Wiedergeburt als Gottheit führen. Der erste dieser höchsten Zustände – nach vier niederen Zuständen, die man *rūpajhānas* nennt – ist der Zustand und die Erfahrung von Allem, was ist, als unendlicher Raum; der Zweite, als unendliches Bewusstsein; der Dritte als unendliches Nichts; und schließlich der vierte Zustand als weder ‚Wahrnehmung noch Nicht-Wahrnehmung'. Wir finden hier also eine klare Kodierung der formlosen Zustände oder meditativen Erfahrungen, die zu *nevasaññānāsaññāyatana* führen, also der vierten Stufe, wo wahrnehmen und nicht wahrnehmen zusammenfallen und alle Formen und Konzepte wie das Nichts oder Leere oder sogar Bewusstsein an sich transzendiert werden: Es ist das natürlich das nicht-konzeptualisierbare Chaos, was wir weder wahrnehmen noch nicht wahrnehmen können; denn, wie wir schon gesehen haben, können wir aus einer konstruktivistischen Perspektive nichts wahrnehmen, für das wir keine Form und Handlungsschema entwickelt haben. Wir können nur das wahrnehmen, was Form hat!

Dem Chaos gegenüber steht also die Welt der Form, die Welt der Ordnung, die gefestigte Struktur, das Gewusste, das Erlebte, das Integrierte, das Sichere. Das Chaos befindet sich dort, wo wir etwas nicht mit dem Denken durchdringen können. Erfolgreiche lebende

Systeme, folgt man der System- und Komplexitätstheorie, evolvieren am besten, wenn sie sich dem Rand des Chaos annähern, und nicht allein in der Ordnung verweilen, denn Ordnung heißt zwar Stabilität, aber auch Inflexibilität und Starrheit im Kontext sich wandelnder Umwelten. Um anpassungsfähig zu sein, um den stets neuen Anforderungen der Nische oder Umwelt gerecht zu werden, muss man ein gewisses Maß an Offenheit, an Neuheit an Chaos zulassen können; nur dadurch wird es möglich, neue Strukturen aufzubauen und an seine Umwelt oder Nische, die sich stets verändert und stets komplexer ist als das ‚System' anpassen zu können.

Andererseits benötigen wir das Chaos, um die Ordnung zu erneuern. Träume etwa vermögen uns etwas über unsere kognitiven Tiefenstrukturen und unser Unterbewusstes zu sagen, weil hier die stabilen Bereiche des Alltagsbewusstseins überwunden werden und dadurch Möglichkeiten frei und neue Informationen möglich werden; deshalb erscheint ein Traum chaotischer als unsere wache Vorstellung, und dadurch regenerieren wir uns. Wir benötigen Innovationen, sowohl psychologisch als auch sozial, um die Ordnung zu stabilisieren. Wir benötigen Künstler und Innovatoren, die als ‚Träumer' der Gesellschaft auftreten, nicht in einem romantischen, sondern in einem faktischen Sinne. Ein Künstler schöpft ebenso frei und ungebunden aus dem kollektiven Unterbewussten wie das Traum-Selbst aus dem psychologisch Unbewussten, und fügt der Kultur etwas Neues hinzu, wie es der psychologische Traum dem Geiste tut. Künstler können daher nur frei agieren, wenn sie die geordneten Bereiche verlassen können – etwas, womit die Gesellschaft stets Probleme hat, denn die geordneten Bereiche sind notwendig, um angepasstes Verhalten zu zeigen und das Gemeinschaftswohl zu sichern. Angepasstes Verhalten ist aber Gift für den Künstler. Unsere empfindliche Kultur hat, was das angeht, noch keine reife Weise gefunden, wie sie mit dem Grenzen überschreitenden Verhalten seiner Künstler, die *sie zum Überleben braucht*, umgehen soll. Sie hätte gerne den angepassten, politisch korrekten Künstler. Den gibt es nicht, Genie wird nur aus dem *Zustand der Nicht-Zugehörigkeit* und Nicht-Ordnung geboren. Es bedarf Chaos, so Nietzsches ewige Worte, um einen tanzenden Stern gebären zu können.

Chaos, obwohl ein Begriff mit starken mythischen Wurzeln, sagt uns nichtsdestotrotz etwas über unsere Existenz aus. Ihn zu verwerfen oder misszuverstehen, wäre fatal. Chaos liegt stets außerhalb der Ränder und des Wendekreises unserer Aufmerksamkeit, liegt außerhalb der Ränder des uns Bekannten. Es ist dennoch jeden Moment da, kann jeden Moment wie eine Schlange in unsere sicheren Wälle und unseren Garten Eden eindringen, es ist das Gespenst im Schrank und das wilde Biest im Gebüsch in der Savanne oder im Wald in der Nacht, wartend, lauernd.

Das Chaos, das ist aber auch der Abyss, die archetypische Hölle, die der Held während seiner Reise durchdringen muss, um die Gesellschaft – das Konstrukt der Ordnung – durch sein Geschenk zu erneuern, denn dort im Abgrund, wie Schiller schon festhielt, liegt die Wahrheit. Das Chaos ist eine existenzielle Kategorie, die uns zerstören oder erheben kann. Chaos ist das, was die Zukunft mit uns bringt.

Wir finden den Begriff im taoistische Yin und Yang ebenso kodiert wie in Hesiods Vorstellung vom Chaos als jenem formlosen Zustand, aus dem der Kosmos und die Götter entspringen, oder dem Grundzustand der Alchemisten, *Nigrendo*, den anfänglichen, chaotischen, schwarzen Zustand. Im Hinduismus und den Veden finden wir ebenfalls den Zusammenhang von Chaos, Ordnung und Schöpfung, nämlich wenn *Prajapati* das Universum hervorbringen will, in dem das Chaos und die Ordnung im Gleichgewicht sind; doch seine ersten Versuche schlagen fehl, da zunächst die Kräfte der Ordnung (*Devas*), dann aber die Kräfte des Chaos (*Asuras*) vorherrschen, bevor er schließlich den idealen Zustand hervorbringen kann. Wir finden das Chaos in Geschichte von Siddhartha, der die sicheren und geordneten Bereiche des Königreiches seines Vaters verlassen will und nur Tod, Chaos und Zersetzung findet. Wir finden es in der Geschichte des vollkommen geordneten Garten Edens, und der Schlange – Symbol für das Chaos – die in ihn eindringt.

Tatsächlich findet sich die willkürliche Konfrontation des Einzelnen mit dem Chaos in fast allen Epochen der Menschheitsgeschichte, sei es im mesopotamischen Mythos des Enuma Elish, wenn *Marduk* den Chaosdrachen konfrontiert oder in den späteren Religionen. Wir müssen erkennen: Wenn Jesus Christus den Garten Gethsemane – eine neu-testamentarischer Variante des Garten Edens – verlässt und seine Passion beginnt; wenn Buddha die sicheren Bereiche des Königreiches seines Vaters verlässt und schließlich Mara, den Dämon des Todes und der Zerstörung und des Chaos, konfrontiert; wenn der zaudernde Arjuna auf dem Schlachtfeld steht;

wenn der Schamane auf seinem Flug ins Innere der Erde reist oder wenn der archetypische Held in Campbells Monomythos den tiefsten Punkt seiner Krise erlangt: Dann sind dies nicht unterschiedliche Dinge, sondern es ist ein und dieselbe absichtliche Konfrontation des Chaos und Sinnbild einer Reise, die in mehr oder weniger expliziter Weise Grundmotiv unserer eigenen Existenz im Allgemeinen und der Spiritualität im Besonderen ist. Wir mögen uns dieser Reise und dieser Konfrontation verweigern! *Sie ist auf jeden Fall aber keine kollektivistische Reise*, vollzogen in einem Sangha. Es ist das Abtauchen in das Chaos der eigenen Seele, dem tiefen Maschinenraum des Selbst, eine Reise, in der Gefährten nur ablenken können. Aus diesem Grund weist Siddhartha auch die Lehren des Gurus zurück. Er muss seine eigene Wahrheit finden, und nicht wiederholen, was schon gewusst wurde. Wir werden später noch auf dieses Problem der Spiritualität eingehen, also dem Glauben, Entwicklung sei nur im Sangha oder der Gruppe oder Community zu finden. Das ist ein Irrglaube, geboren aus dem Drang nach Sicherheit ob des drohenden Chaos. Der spirituelle Held – der archetypische Held – geht einen anderen Weg, und dieser ist stets allein.

Transzendenz erscheint immer als willkürliche Konfrontation mit dem Chaos, um zu sterben und wiedergeboren zu werden, ja, um den Tod zu überwinden: die Ab- und (infolgedessen) Neustrukturierung von Ordnung. Es ist immer die Überschreitung des Bekannten, das Aufgehen in etwas Neuem. Transzendenz tritt dabei offensichtlich in vielerlei Varianten auf, nicht nur im philosophischen, psychologischen oder spirituellen Kontext. Nicht unbekannt ist das Phänomen, dass Soldaten auf dem Schlachtfeld ihren Selbst-Sinn transzendieren und eines werden mit dem Kollektiv; sie können sich selbst aufgeben in dem Wissen, dass durch ihr Selbstopfer die Gruppe (und daher sie selbst) womöglich überleben werden. Berichten zufolge werden diese Episoden als die bedeutungsvollsten und intensivsten Erfahrungen ihres Lebens beschrieben. Im Sinne Durkheims wird hier natürlich das als h e i l i g erfahren, was das Überleben und die Interessen und den Zusammenhalt der Gruppe symbolisiert und sicherstellt: Totems wie etwa die Landesfahne.

Die Bhagavad Gita beginnt nicht ohne Zufall auf dem Schlachtfeld, Jesus bringt uns nicht ohne Grund das Schwert. Es wäre durchaus zu diskutieren, ob die Kriegshandlung auf dem Schlachtfeld nicht die kondensierteste, weil grobstofflichste Form des Chaoskampfes ist und hier ihre DNA mit der der Spiritualität teilt: In welcher Situation steht man mehr dem Chaos und der Votalität des Augenblicks *gegenständlicher* gegenüber als auf dem Schlachtfeld? Wo sind das Selbstopfer und die Selbstaufgabe für etwas als heilig empfundenes am vollständigsten? Auch wenn diese Konfrontation mit dem Chaos auf der materiellsten Ebene stattfindet, muss man doch überlegen, ob es nicht strukturell dem spirituellen Chaoskampf ähnelt. Dies ist ein gefährlicher Gedanke und wird die Zartbesaiteten erregen, die historisch Unbesudelten, die von den christlichen oder muslimischen *heiligen* Kriegen und Kreuzzügen noch nichts gehört und noch weniger verstanden haben. Und doch klingen bemerkenswerterweise die ethischen Regeln und Motivationen des Militärs verdächtig nach spirituellen Anweisungen, die auch aus dem Munde der Heiligen hätten kommen können. „For a warrior, nothing is higher than a war against evil. The warrior confronted with such a war should be pleased, for it comes as an open gate to heaven."– „Battle is the most magnificent competition in which a human being can indulge. It brings out all that is best." Man versuche zu erraten, welches Zitat von Swami Vivekananda, und welches von George S. Patton kommt.

Transzendenz, Tod und Wiedergeburt – sei es in der gegenständlichsten, brutalsten Form des Krieges oder in seiner subtilsten, edelsten Form als psychologische Loslösung von bestimmten Aspekten und Eigenschaften des Selbst oder des Egos schlechthin – kann nur durch den absichtlichen Chaoskampf, durch die willentliche Konfrontation mit dem Chaos geschehen, denn vor aller Wandlung muss der Wille zur Wandlung stehen.

§ 7

Das P r o b l e m des Chaos ist also, dass wir es als Leid *erfahren*, aber selbst nicht konzeptionell erfassen können. Jeder Versuch, es zu schematisieren heißt, eine Form ins an sich Unstrukturierte zu bringen. Wir können freilich von der Kategorie des Chaotischen sprechen, um auf die Erfahrung des Chaos zu zeigen. Aber unser einziger reale Zugang bleibt hier die Erfahrung selbst, die sich einstellt, wenn die Strukturen des Manifesten zusammenbrechen. Sobald wir versuchen, es zu erfassen, es zu verstehen oder zu durchdringen, führt dies unmittelbar dazu, den Erfahrungsbereich des Chaos zu verlassen. Sobald wir das Chaotische in Konzepte wie Leere,

Nichts, Nondualität, Gott oder dergleichen überführen, sobald belegen wir es mit einer Form. Die Tatsache, dass man darüber diskutieren kann, wo die Unterschiede zwischen Leere, Nichts, Nondualität oder Gott liegen, zeigt, dass wir hier über Formen sprechen, denn nur Formen haben Unterschiede.

Weil wir das Chaos nicht konzeptualisieren können, hatten die Weisheitstraditionen auch einige Schwierigkeiten, es klar zu adressieren, und nutzten manchmal negative Beschreibungen, was es n i c h t ist (*apophatie*) und manchmal positive Beschreibungen, was es sein k ö n n t e (*kataphatie*), ohne jedoch in den Kern der Angelegenheit eindringen zu können. Manchmal erscheint das Chaos deshalb als Leere, manchmal als der strahlende Urgrund des Seins, das Absolute, das Formlose, das Göttliche, das Okkulte, die Nondualität oder die große Mutter. *Das Chaos hat viele Namen, sobald es in Form und Struktur übergeht*, es selbst bleibt aber unbeschreibbar. Es ist der göttliche Urgrund, aus dem alle Formen hervortauchen, ohne dass er selbst erscheint, und dessen Schlund oder Abyss sich öffnet, wenn der Turm fällt. Mehr als alles andere sagen uns diese Ableitung oder Konzeptualisierungen etwas über die Kultur aus, aus der sie hervorgehen, als dieser Bereich selbst. Das Chaos selbst bleibt aber ohne Form oder Struktur, weil jede sprachliche Beschreibung schon Struktur voraussetzt. Das Chaos ist selbst nicht wahrnehmbar oder beschreibbar, wiewohl Kultur paradoxerweise aus nichts anderem besteht, als sich kontinuierlich am Chaos abzuarbeiten und neues Wissen und Strukturen daran zu erzeugen.

In dieser Hinsicht macht es Sinn, mit Keith Yandel unterschiedliche Typen höchster religiöser Erfahrung zu unterscheiden, wobei sie sich nicht nur in ihrer Struktur und ihrem phänomenologischen Inhalt, sondern auch ihrer entsprechenden religiösen Doktrinen unterscheiden. So finden wir die numinosen Erfahrungen wie im Monotheismus, die nirvanischen Erfahrungen im Buddhismus, die Moskha-ähnlichen nondualen Erfahrungen des Hinduismus und die Kevala-Erfahrungen des Jainismus. Ihnen gemein ist, dass sie schon über Struktur verfügen und nicht ‚reines' unstrukturiertes Chaos sind, sondern eine wie auch immer geartete Einheitserfahrung, die sich kulturell, d.h. temporal und geografisch ausgeformt hat.

Doch auch wenn sprachliche und geistigen Interpretationen des Chaos vielfältig sind, *erfahren* wir das Auftauchen von Chaos kontinuierlich, und zwar zumeist als L e i d, nämlich, wenn die stabilen Strukturen des Bekannten und Erwartbaren zusammen- oder aufbrechen. *Die letztgültige Indikation für das Auftreten des Chaos ist das Leid.* Es ist die unmittelbare Realität oder Erfahrung, über die sich nicht diskutieren lässt. Leid resultiert aus der zerstörerischen Konfrontation des Chaos mit den geordneten Strukturen von Selbst und Welt, oder, allgemein gesagt: von Form. Es ist daher kein Zufall, dass Leid daher der Normativwert und das Grundnarrativ der meisten, wenn nicht aller Weisheitstraditionen ist; Leid ist eine nicht weiter hinterfragbare Realität, die uns alle periodisch heimsucht. *Leid ist in unsere Existenz und unser psychisches Dasein quasi mit eingebaut, denn wir sind stets geworfen zwischen Ordnung und Chaos.* Die schamanischen, religiösen, spirituellen Unternehmungen und Ansätze bestehen daher immer primär darin, direkte *Bewältigungsverfahren* für das Leid anzubieten.

Leid ist nichts anderes als die erzwungene Auflösung alter Ordnungsstrukturen. Aus diesem Grunde treffen wir immer wieder auf das ‚spirituelle' Prinzip, sich nicht an die festen Strukturen des Gewussten zu binden, und zwar als Kernanweisung aller Weisheitstraditionen: *Binde dich nicht!* Denn Anbindung erzeugt in der angestrebten Konfrontation mit dem Chaos immer Leid und Schmerz.

Das Seltsame am Leid ist nicht, dass es jeder erfährt. Nie hat jemals ein Mensch gelebt, der vom Leid verschont geblieben ist. Es ist eine sonderbare Konstante der menschlichen Existenz. Das Seltsame ist, dass es dieses Leid ist, und die Auseinandersetzung mit Leid, das zu einer Vertiefung der Weisheit, des inneren Lebens und der Reifung notwendig ist. Es scheint, als bräuchten wir das Leid, um zu reifen und zu wachsen, ja, um höhere Stufen der ethischen und kognitiven Entwicklung auszubilden – welch grausame Konstruktion, welch seltsame existenzielle Grundkonstitution. Nie wurde die Tiefe des Daseins verstanden durch ein sorgloses Leben, frei von dem Schmelztiegel des Leides. Nie ging irgendjemand auf die Suche, wenn nicht aus dem nicht mehr zu unterdrückenden Gefühl, das etwas gefunden werden müsste. Nie strebte irgendjemand zur Verbesserung, der vollkommen mit sich und der Welt zufrieden war. Die großen Kunstwerke der Menschheit entstanden meist nicht aus Freude; ihre Schöpfung mag und wird Freude bereitet haben, doch der Impetus war das Leid.

Nicht zufällig entwickelt sich auch die Entwicklungspsychologie aus dem Versuch, diese existenziellen Krisen, die man im Laufe seiner Individuation durchläuft, zu kategorisieren. Daher besteht der erste Schritt jeder spirituellen und religiösen Tradition zunächst immer in der Erkenntnis des Leides. Warum, muss man sich fragen, sollte die Entfaltung von Kultur und Geist ursächlich mit der Erfahrung von Leid in Verbindung stehen? Auch wenn die Frage seltsam wirkt, absurd ist sie nicht. Leid entsteht durch die Unterhöhlung der geordneten Strukturen durch das Chaos. Kultur- und Geistbildung heißt immer, stets komplexer werdende Ordnungsstrukturen als Wälle gegen das Chaos aufzubauen. Kultur und Psyche benötigen das Leid, um zu wachsen. Evolutionär – und systemtheoretisch – betrachtet, ist die Umwelt stets komplexer als wir Menschen oder unserem Verständnis der Umwelt; wir sind stets einem Komplexitätsgefälle unterworfen und versuchen, das Unwägbare durch psychologische und soziale Wälle auszugrenzen. Wir müssen notwendigerweise daran scheitern, und Leid ist das notwendige Resultat. Egal in welcher Epoche wir den Menschen verordnen, so ist er immer der Komplexität des Chaos unterlegen und gezwungen, neue Strategien dagegen zu entwerfen. Betrachten wir dies sozial, sprechen wir von Kulturbildung. Das heißt auch: Wir brauchen das Andere, das Unwägbare, das Gefährliche, das Chaos, um immer wieder Kultur neu erzeugen und erweitern zu können.

Dies – also die konstante Errichtung und Verstärkung der Wälle und Dämme gegen das Chaos – ist aber nicht das eigentliche Bewältigungsprogramm der Spiritualität, auch wenn die Mauern der Klöster, Abteien und Regelwerke scheinbar undurchdringlich waren. Vielmehr besteht das eigentliche Programm darin, zu lernen, das *Chaos selbst zu konfrontieren.* Das Credo der Spiritualität lautet demnach programmatisch: Tauche ein in das

Chaos – überwinde deinen Widerstand – überwinde deine Bindung an die Ordnung, deine Bindung an dein Selbst und dein Verständnis von Selbst und Welt und deine Angst vor dem Ungewissen – zerstöre infolgedessen auch die Trennung nicht nur von Selbst und Welt, sondern von Ordnung und Chaos – ja: stirb! und werde wiedergeboren! – werde ein im Leben Toter, den das Chaos nicht mehr verletzen kann, weil es niemanden mehr gibt, der verletzt sein kann. Das spirituelle Programm ist insofern das ultimative Bewältigungsprogramm für Chaos, Zukunft und Leid.

Spiritualität löst das Problem des volatil Zukünftigen immer, indem die Ursache des Leides selbst integriert wird, nämlich das Chaos. Das Motiv, dass sich hier in den Weisheitstraditionen zeigt, ist dabei immer recht selbstähnlich: Überwinde den Widerstand gegen das Chaos, und die Neigung, psychologische oder soziale Schutzwälle aufzubauen. Transzendiere deinen Selbstsinn und dein Ego (welches aus dieser Perspektive nichts anderes ist als ein Bündel aller Erfahrungen, welches uns vor dem Chaos schützt), transzendiere vor allem die internalen Polaritäten von Gut und Böse, von Selbst und Welt, von profan und heilig, von jetzt und gleich, und gehe ein in das Chaos, das Unbeschreibbare. Der, der dann erlangt hat, kümmert sich nicht mehr um Gefahr und Unruhe, sorgt sich nicht um seinen Tod, Krankheit, Armut oder soziale Ächtung. Er ist frei, *weil es niemanden mehr gibt, der sich auflehnen könnte.* Die interne Repräsentation des Selbst, welches sich auflehnen könnte, wurde dekonstruiert. Er hat das Chaos in sich integriert, und vermag jeden Moment aus ihm Ordnung zu schöpfen. Er aber greift nicht mehr ein in den Verlauf der Welt und sein

Schicksal, sondern tut paradoxerweise seinen Willen in Übereinstimmung mit der Welt. Jesus Christus fürchtete diesen Moment der Hin- und Aufgabe, und tat doch seinen Willen.

So einer ist frei deshalb, weil auch die Phänomene wertfrei geworden sind. Ihm erscheinen keine Ereignisse an sich gut oder schlecht, noch der Welt oder ihm zugehörend, noch heilig oder profan.

Chaoskampf heißt (um noch konkreter zu werden) aber auch: herauszufinden, wer man ist, und werden kann; und damit auch, wer oder was man nicht ist; dazu müssen dem Binnenraum des Chaos durch unsere Handlungen immer neue Projektionen und Formen abgerungen werden. Auch hier müssen wir natürlich Piaget invozieren. Wir handeln erst, bevor wir verstehen, als wer wir handeln und wozu wir handeln. Nicht, w a r u m wir träumen … diese Frage impliziert einen Grund, und sei es biologisch … sondern w o z u: Was erlernen wir durch den Traum? Unser Alltag ist, auch wenn stabiler in seinen Strukturen, nicht unähnlich dem Traume, zumindest was die Konstruktionsprozesse der Psyche selbst angeht. Wir sind die Konstrukteure unserer subjektiven Wirklichkeit. Und wie die Alten nicht wussten, dass die im Außen gedachten Formen und Vorstellungen, seien es nun Geister oder Götter, Reinkarnation oder Himmel und Hölle, in Wirklichkeit eben tatsächlich Projektionen von psychologischen Architekturen sind, so wissen auch wir noch nicht, was genau diese Konstruktionsprozesse sind, durch die wir unsere Wirklichkeiten erzeugen, und zwar bis wir uns aufmachen und beginnen, die Tiefe unseres Bewusstsein zu entdecken. Dies ist der Chaoskampf: Das, was wir von uns und der Welt wissen, stets und immer wieder zu zerstören, um neue, tiefere Strukturen zu entdecken und aufzudecken. Das Wissen um das alte Selbst und die alte Welt zu zerstören, um ein neues Selbst und eine neue Welt zu kreieren. Dies ist die eine Basistechnik, die uns die Spiritualität zur Verfügung gestellt.

Mit anderen Worten: Die Welt der Form erzeugt immer Leid, ist immer unvollständig, ist immer Drangsal. Der Netto-Effekt der Strategie, das Chaos und das Unbestimmbare zu konfrontieren oder sich damit zu identifizieren, liegt darin, dass die Strukturen und Formen und Prozesse, durch die wir Selbst und Welt subjektiv erzeugen, (und damit folgerichtig das Leid) hinter uns gelassen werden. Denn was ohne Form oder Struktur ist, kann nicht unvollständig sein. Was ohne Form ist, kann kein Leid erzeugen! Und nicht wenig Relevanz hat die Tatsache, dass die Loslösung von den Strukturen zur Ekstase führt, weil die in den psychischen Strukturen gebundene Energie freigesetzt wird. Deshalb sind solche Phänomene der Loslösung von der Welt der Form in gradueller Weise – etwa in der Meditation – von Ekstase- oder Entzückungsphänomenen begleitet, von denen uns auch die alten Schriften berichten.

§ 8

Wechseln wir für einen Moment die Analyseebene, können wir erkennen, dass sich dem historisch auftretenden Bewusstsein der eigene psychische Binnenraum zunächst nicht nur als unendlich komplex, sondern als Chaos erscheinen musste, zumindest für den archaischen Menschen. Die Inhalte des Geistes konnten als solche nicht verstanden werden, da es weder Schemata gab, Erfahrungen zu ordnen, noch Begrifflichkeiten für das ‚Innere' und seiner Elemente – als etwas, was sich vom ‚Äußeren' unterschied –, die sich kulturell ausgebildet hatten. Überlegungen wie diese führten Julian Jaynes zu der nicht unkontroversen Überlegung über den zweikammerartigen Geist – des *Bicalermal Minds* –, der aufgrund fehlender Begrifflichkeiten und Schemata Bewusstseinsinhalte nach Außen projizierte und als Stimmen oder Visionen von Engeln oder Geistern identifizierte, wiewohl es tatsächlich die eigenen Gedanken und Vorstellungen waren. Die Tatsache, dass in den frühen kulturellen Schriften und Epen keine Beschreibungen des Innenlebens der Akteure gefunden werden kann, kann als ein Indiz dieser These gelten – eine These übrigens, der sich auch andere Autoren angenähert haben: Was wir nicht als Inneres identifizieren können, projizieren wir nach außen.

Wie dem auch sei, das sich erhebende Bewusstsein, das sich in einem ersten anthropotechnischen Akt der eigenen Psyche zuwendet – wir nannten dieses erste Eintauchen in das *Geistige* eine der vier grundlegenden oder existenziellen Anthropotechniken – muss und wird späterhin lernen, eigene Bewusstseinsinhalten als solche zu erfahren, zu identifizieren und einzuordnen, und Schemata zu bilden für die internen Schemata. Wie wir im dritten Kapitel erkennen werden, werden sich hieraus sehr viel später u.a. eine Philosophie des Geistes, eine Psychoanalyse und konkrete empirische *Psychologie* entwickeln, als weitere Iterationen dieser ersten und ursprünglichen Nach-Innen-Wendung.

Doch dies ist nicht die einzige rekursive Schleife oder Iteration, die sich aus der ursprünglichen und ersten Nach-Innen-Wendung herausgebildet hat. In dieser Hinwendung zu der eigenen psychischen Komplexität musste das erwachende Bewusstsein nicht nur lernen, sich *passiv* selbst zu beobachten und Schemata für Schemata zu entwickeln und Innerlichkeit als solche zu erkennen, sondern es musste auch lernen, diese Komplexität bündeln und in Handlung ausrichten zu können; Form zu schaffen aus dem Chaos, um das Innere und die subjektive Welt- und Selbsterfahrung *aktiv* zu gestalten. Und dies, wie wir auch später deutlicher erkennen werden, ist die Grundlage für eine grundsätzliche Anthropotechnik der Spiritualität, die sich wie die Psychologie als spätere Iteration aus der ursprünglichen Hinwendung nach innen ergibt. Im Gegensatz zur Psychologie, so viel sei hier in Form einer groben Verallgemeinerung gesagt, ging es der Spiritualität nie primär um Selbsterkenntnis oder um Analyse, Verhaltenswissenschaft oder etwa Persönlichkeits*assessment*, sondern stets um die *Befreiung* von der Form und den Schemata selbst, und damit um die Überwindung des Leides. Die Selbsterkenntnis im Sinne einer Alltagspsychologie war dafür immer nur ein Mittel zum Zweck.

Auch wenn wir uns noch an ein grundsätzlicheres Verständnis der Spiritualität annähern werden, können wir hier dennoch einen ersten Umriss erkennen, was ihre Funktion für den menschlichen Geist und unsere Kultur wohl sein mag. Wenn es ihr primär nicht um Selbsterkenntnis geht, was will die Spiritualität dann? Und die Antwort könnte in der Richtung liegen, dass von allen kulturellen Systemen, die sich im Verlaufe der Jahrtausende ausgebildet haben – sei es Wissenschaft, Pädagogik, Wirtschaft oder Politik etc. –, das einzige System, welches den Menschen dazu befähigt, *seine eigene Innerlichkeit aktiv zu steuern und zu gestalten*, tatsächlich die Spiritualität ist. Kein anderes System ist in der Lage, den Menschen anzuweisen, dass, was er internal als unstrukturiertes Chaos erfährt, zu konfrontieren und neue Formen und Schemata zu bilden. Kein anderes System ist in der Lage, den Menschen dazu anzuregen, dass, was er innerlich findet, zu transformieren. Und kein anderes gesellschaftliches System ist in der Lage, ihn anzuregen, seine subjektive Welt und Selbsterfahrung so zu gestalten, sich an die subjektiven Formen, *die er selbst aufgebaut hat*, nicht mehr zu binden, um letztlich auf diese Weise das Leid oder die Leiderfahrung zu reduzieren. Spiritualität ist, wir sagten es schon, eine *Leid-Bewältigungsstrategie*, und zwar dergestalt, die Ursachen des Leides innerhalb des Geistes zu eliminieren. Wenn sich das bekannt anhören sollte: Dies ist das Argument dieses Buches, nämlich zu zeigen, wie aus der Natur und der grundlegenden Architektur des Geistes die ewigen Wahrheiten des Schamanismus, der Religion und der modernen Spiritualität entspringen. Wir müssen womöglich der Tatsache ins Auge blicken, dass Spiritualität weit mehr ist, oder sein kann, als wir bislang denken oder wie sich in postmoderner Hinsicht selbst darstellt. Womöglich wird ihre tragende Rolle in der Jahrtausende Jahre währenden Evolution des Bewusstseins erst noch erkannt werden.

§ 9

Chaos ist das ohne Ordnung. Als solches ist es eine Existenzialie: Für uns als selbst- und weltbewusste Lebewesen ist das Chaos neben der Ordnung der Grundpfeiler des Daseins. Die alten Griechen – wie auch die christlich-biblischen Autoren – verstanden Chaos noch als einen leeren, formlosen Zustand vor der Schöpfung des Universums und das erste, was existierte, bevor es Eros, Gaia und Tartarus hervorbrachte. Was sofort auffällt, ist, dass Tartarus natürlich der Abyss, die Unterwelt, die Hölle ist, während Gaia offensichtlich die Erde meint. Eros hat mehrere Bedeutungen, wird hier aber häufig als Zeugung und Fortpflanzung betrachtet, also mit einem modernen Wort: *Evolution*. Diese Dreifaltigkeit ist in vielfacher Hinsicht interessant, finden wir dieses Motiv doch in vielen Traditionen. Etwa der schamanischen Idee des Weltenbaums: Er wird in drei Zonen unterteilt, nämlich die obere, mittlere und untere Welt, oder eben Himmel, Erde und Unterwelt. Der Weltenbaum ist die Brücke, die diese drei Welten miteinander verbindet, die Axis mundi, an dem sich die Welt des Schamanen ausrichtet. Bemerkenswert hier ist, dass die Geister auf diesem Baum von einer Welt zur anderen kommen. Yggdrasil ist ein entsprechendes Symbol in der nordischen Mythologie; hier erstreckt sich der Baum zwischen Asgard, der Ebene der Götter, Midgard, der Ebene der Menschheit und Hel, der Ebene der Toten. Dasselbe Motiv finden wir in der Bibel, der Jakobsleiter, also jener Himmelsleiter, auf der Jakob die Engel auf- und niedersteigen sieht und am oberen Ende Gott erkennt.

In psychologischer Hinsicht – oder konkreter: entwicklungspsychologischer Hinsicht, in der alle diese mythischen Projektionen internalisiert wurden – finden wir dieselbe Idee: Das Aufsteigen aus dem Unbewussten, den prärationalen Zuständen der Kindheit hin zu den transrationalen Zuständen der Weisheit und Einheit, wie sie mittlerweile auch von den Psychologen beschrieben werden können. Die wesentliche Idee ist: Da ist ein Weg, den wir gehen können, der in Richtung Himmel (Reife/Erleuchtung) führt, oder eben in die Hölle, was in gewisser Hinsicht die ethische Abkehr vom Leben bezeichnet, wie ihn Kain gehen musste. Freud kodierte diese Dreiheit bekanntlich als Ich, Es- und Über-Ich, was eine leicht andere Konnotation hat, und doch auf dasselbe Motiv zurückgreift. Das Es ist das Unbewusste, das Instinktive, das animalische, währenddessen das Über-Ich unser höchstes Ideal ist, dem wir folgen können, ob wir nun darauf konditioniert wurden oder uns selbst wählten. Das Ich, als irdische Instanz, vermittelt zwischen diesen beiden Instanzen wie eine Leiter zwischen Himmel und Hölle. Ähnliche Vorstellungen finden sich im Übrigen in den okkulten Orden Großbritanniens um das Jahr 1900, die ein initiatorisches Gradsystem verwendeten, das heutigen psychologischen Entwicklungsmodellen der Psyche recht ähnlich ist.

Als Motiv könnte man jedenfalls diesen Archetyp, wie er in der Jakobsleiter, dem Weltenbaum und der Entwicklungspsychologie auftaucht – den ‚Weg' nennen, auf den all diese Vorstellungen zurückgreifen. Erich Neumann argumentierte, dass dieser Archetyp ursprünglich gebildet wurde, als sich unsere fernen Ahnen auf den beschwerlichen und gefährlichen Weg hinauf in die Berge machten, wo sie ihre heiligen Opferhöhlen – und später Klöster – nah des Himmels errichten wollten. Auch heute sprechen wir davon, dass wir ‚auf dem Weg' sind, dass wir eine innere Ausrichtung finden oder ‚die Orientierung verloren' haben. Wir sprechen vom Leidens-Weg Christi und von dem inneren Weg, den wir gehen oder dem tatsächlichen Jakobsweg, um zu spiritueller Einsicht zu gelangen. Der Weltenbaum, die Jakobsleiter oder die Modelle der Entwicklungspsychologen sind freilich Iterationen dieses inneren Weges bzw. dieser psychologischen Erfahrungswirklichkeit.

Wir erfahren Henosis als höchste Transzendenzerfahrung dann als eine höchste Form der Ordnung, die wir dem Chaos abgerungen haben. Wie wir diese Henosis, diese Form der Einheit codieren, hängt freilich nicht nur von der Kultur ab, in der wir uns befinden, sondern auch von unserem eigenen kognitiven Hintergrund, vermittels der wir diesen Zustand begreifen. Aber es kann nicht deutlicher gemacht werden, dass die Erfahrung der Henosis, in welcher Form auch immer, etwas vollkommen anderes ist als die Erfahrung des Chaos selbst, wie es die Buddhisten schon sehr früh erkannt haben; wir erwähnten schon die vier höchsten buddhistischen Zustände und Meditationen.

Um diesen Unterschied zu verstehen müssen wir einen erneuten Blick in die Maschinerie des menschlichen Geistes werfen. In jedem Moment unseres Lebens streben wir danach, geistige Ordnung aus dem Chaos zu erzeugen. Wir bestärken unsere Narrative und Perspektiven und Meinungen, wir stabilisieren die vielfältigen Weisen, wie wir uns selbst und die Welt sehen, d.h. wer wir sind und was die Welt für uns ist. Doch das Chaos dringt auch immer wieder – mal in stärkerem, mal ich weniger starkem Ausmaße – in unsere Konstruktionen ein, destabilisiert uns, und bricht das auf, was wir zu wissen meinen. Es ist daher tief in uns verankert, dem Chaos widerstehen zu wollen, dagegen anzukämpfen und immer komplexere kognitive Strukturen aufzubauen, die dem einfallenden Chaos widerstehen können. Wir können nicht ohne Bedeutung und Sinn leben, und streben tatsächlich jeden Moment danach. Und ich spreche hier noch nicht einmal von den materiellen oder sozialen Strukturen: Wir müssen stets neu definieren, wer wir für uns sind, und zwar auf einer sehr grundlegenden narrativen Ebene unserer Psyche. Wenn unsere Handlungen nicht zu den Resultaten führen, die wir intendieren, oder etwas unerwartetes geschieht, so müssen wir uns neu ausrichten und erneut die implizite Frage beantworten, wer wir sind, was die Welt für uns ist, und was wir wollen. Wir mögen uns dieser konstanten internen Dialektik nicht immer bewusst sein, besonders wenn wir in unserer täglichen Arbeit involviert sind.

Verbleiben wir bei dieser Dialektik, wird deutlich, dass der einzige Weg, zu immer umfassenderen und stabileren Ordnungen zu kommen, die willkürliche Konfrontation mit dem Chaos ist, und damit einhergehend die Bereitschaft, von alten Ordnungsstrukturen abzulassen. Nur dadurch kann in letzter Instanz ein irgendwie geartetes Einheitsbewusstsein, eine Erfahrung von Leere oder Nondualität oder Henosis erlangt werden. Wir werden einiges darüber zu sagen haben.

§ 10

Wir müssen uns also in größerem oder geringerem Ausmaße jeden Tag mit Leid auseinandersetzen, da das Chaos – zumindest in der Domäne des Geistes – unablässig unsere Vorstellungen darüber, was Leben bedeutet, dekonstruiert. In dieser Hinsicht haben wir, wie wir schon gesehen haben, unterschiedliche Optionen an der Hand, wie wir mit der Komplexität und Gewalt des Chaos umgehen können. Wir können die Differenz von Gegenwart und Zukunft, von Sein und Werden, von Ordnung und Chaos in Kunst überführen; wir können architektonische Strukturen errichten oder technologische Artefakte herstellen, wir können unser soziales und gemeinsames Leben organisieren und regulieren.

Wir können aber auch die Ursache dieser Spannung selbst konfrontieren, nämlich indem wir realisieren, dass alle Strukturen, die wir aufbauen, in langer Hinsicht ungenügend sind; sie müssen darin scheitern, das Chaos langfristig auszugrenzen. Was liegt also als Strategie näher, als die Ursache des Leides und das Chaos selbst zu konfrontieren, während man zur gleichen Zeit den möglichen Verlust der Persönlichkeitsstrukturen, durch die wir Bedeutung und Sinn wie auch das Verständnis von uns selbst und der Welt erzeugen und durch die wir überhaupt erst für die Kräfte des Chaos empfänglich werden, in Kauf nimmt. Anstatt also das existenzielle Dilemma über Kunst, Ethik oder Technik zu lösen und stets neue Strukturen zu bilden, konfrontieren wir es direkt. Natürlich, diese Wahl ist eine von Neigung und Temperament. Und doch: Sind diese Menschen, die dies wagen, die den Drang nach Ordnung aufgeben, nicht die

Hochseilakrobaten, von denen uns Peter Sloterdijk erzählte, jene Meta-Helden, deren die Helden dieser profanen Welt, wie es Mircea Eliade nannte, dann nachfolgen? Denn, zumindest folgt man Sloterdijk, dies ist es, was sie tun: Sie sind Athleten der Seele.

Spiritualität, befreit von all den kulturellen Ausformungen, wie sie sich in den Millennien entwickelt haben, erscheint dann und in erster Annäherung als *nichts anderes als die willkürliche Auseinandersetzung mit dem Chaos zum Zwecke der Leidverminderung.* Es scheint, als würden wir als Menschen reifen mit der wachsenden Fähigkeit, das Chaos und die Komplexität von Selbst und Welt zu erkennen, ihr ins Auge zu blicken, ja zu konfrontieren und neue, höhere Ordnungsstrukturen auszubauen. Als Mensch zu reifen heißt eben auch, die Dinge abzulegen, die prärational sind. Oder auch zu erkennen, dass es keine gegebenen Essenzen gibt, sondern nur soziale Konstruktionen; dies war ja eine der grundlegenden Einsichten der Postmoderne, mit der wir den naiven Realismus überkommen konnten wie die Vorstellung, dass die Welt exakt so ist, wie sich unseren Sinnen darstellt. Dass wir heute beispielsweise wissen, dass unsere neurologischen, sozialen und psychologischen ‚Filter' bestimmen, was und wie wir etwas beobachten, bedeutet auch, dass wir Unsicherheit und Chaos auf einer höheren Ebene als vorher integrieren konnten. Denn wenn wir nicht unseren Sinnen trauen können, wie sollen wir uns dann gegen das Chaos beschützen? Wir müssen immer komplexere kognitive Strukturen gegen das Chaos aufbauen.

Spiritualität erscheint dann hier als historisch gewachsenes soziales System, durch welches das Individuum lernen kann, das Chaos, Unordnung, Komplexität und

Unsicherheit selbst zu konfrontieren. Kein anderes soziales System ist in der Lage, dies zu ermöglichen. Chaos ist eine existenzielle Kategorie, eine psychologische Erfahrung, und Spiritualität ist das einzige kulturelle System, dass das Individuum an diesen existenziellen Erfahrungsbereich heranführt. Es ist, mit anderen Worten, ein Lernsystem, es orientiert den Menschen zu der Erfahrung von Selbst-Transformation, denn Chaos impliziert stets die De- und Neukonstruktion von kognitiven Strukturen. Man könnte sogar argumentieren, dass das Individuum durch Spiritualität lernt – um einen Begriff aus der Systemtheorie zu wählen – die Prinzipien seiner eigenen kognitiven *Autopoiese* zu erfahren und anzuwenden, also die Bedingung seiner eigenen Selbst- und Welterfahrung so zu optimieren, dass es seine eigene Entwicklung fördert. Autopoiese heißt ‚selbst-machen' und bezieht sich auf Systeme, z.B. soziale Systeme wie Wissenschaft oder psychische Systeme wie das Bewusstsein, die die eigenen Elemente und Prozesse durch ihre eigenen Elemente und Prozesse herstellen. Die Dichotomie von Chaos und Ordnung ist offenbar nun ein essenzieller Teil der Autopoiese des Bewusstseins, durch den es sich anregt, immer komplexer werdende Bedeutungen und Strukturen aufzubauen. Spiritualität kann insofern als ein kulturell gewachsenen Lern- und Übungssystem begriffen werden, welches die Konfrontation mit dem Chaos und der Autopoiese der Psyche möglich macht.

Spiritualität kondensiert sich dann als ein evolutionär angetriebener Chaoskampf, und eine erfolgreiche Meisterung dieser dieses Kampfes – was in vielen Tradition als ‚Neugeburt' oder ‚Wiederkehr' exemplifiziert und kodiert ist – können wir Individuation, Reifung, Transzendenz oder Erlangung nennen, je nach dem, auf welche Gedankenschule wir uns beziehen. Für die profane Gesellschaft aber erscheint der Chaoskampf in Form steter Innovation, als neue und errungene Weisen, das Chaos zu domestizieren. Was der spirituelle Held erlangt, wird in und für die Gesellschaft zur Anleitung zum Mauerbau. Und wieder: Wem dies bekannt vorkommt – in diesem Fall im Sinne von Monomythos und Heldenreise – so ist dies der ganze Punkt unserer Argumentation. Was der Held erlangt, wird zur Anleitung für seine Kultur, neue Wälle gegen das Chaos zu errichten. Auch aus der Psychologie ist dies nicht unbekannt: Sind nicht die Einsichten Freuds so sehr zum Common Sense geworden, dass wir nur noch darüber sprechen, was er *nicht* gesehen hat? Sind nicht die Ideen von Traumdeutung, Unbewussten und Sublimation notwendiger Teil unseres pädagogischen Selbst-Verständnisses geworden, auf das wir *en passant* zurückgreifen, als wäre es keine Erfindung? Und wie verhält es sich mit den niedergerungenen Chaosdrachen durch die Weisen? Basiert nicht unsere Kultur auf dem Wirken Jesu Christi, sind uns nicht die Werte der Bibel zu Mark und Blut geworden? Lässt sich nicht Tierschutz und Mitgefühl historisch und kulturell aus den Dogmen des Buddhismus ableiten? Waren die großen Künstler und Wissenschaftler nicht alle inspiriert von Alchemie und Okkultismus, von Hermetismus und Buddhismus? Warum? Weil dem Chaos durch den Willen zur Transzendenz etwas abgerungen worden war, dass nutzbringend *für alle* sein musste.

Insofern, können wir schließen, ist Chaos das Alpha und Omega der Spiritualität. Spiritualität beginnt – und sei es nur in den ersten zaghaften Versuchen der Meditation, wie wir sehen werden, mit der Auseinandersetzung mit dem Chaos und der Erkenntnis der dialektischen Natur von Chaos und Ordnung – und, man denke an die vier buddhistischen formlosen Meditationen, endet mit dem Chaos. Alles andere – dem Streben nach Authentizität, wahren Sinn, dem tiefen Selbst, Resilienz und all den anderen religiös, spirituellen, mystischen Konzepten und Vorstellungen – ist sekundär. Dasselbe gilt besonders für die diversen spirituellen Techniken. Was nicht heißt: Sie sind unwichtig! Aber all die spirituellen Konzepte und Praktiken, die wir heute kennen, müssen systematisch der Chaoskampf untergeordnet werden, weil es allein der Chaoskampf ist, aus dem sich ihre Dynamiken speisen. Ohne den Chaoskampf ist Yoga und Pranayama sinnlos. Jedes Streben nach Wahrheit und Tiefe und Weisheit unmöglich, denn nur durch die Affirmation des Chaos können egoische Strukturen abgelegt werden. Der Chaoskampf kann daher als die primäre Anthropotechnik der Spiritualität identifiziert werden. Spirituelles Leben heißt zunächst und vor allem, das Chaos zu konfrontieren.

§ 11

Ich will eine weitere frühe Konsequenz unseren bisherigen Überlegungen zum Chaoskampf anführen. Wenn wir also Spiritualität verstehen als jene Handlungen innerhalb der Domäne des Bewusstseins selbst, mit der Agenda, das Chaos zu konfrontieren, um psychische Ordnung zu schaffen, dann muss man spirituelle Gruppierungen daran bemessen und bewerten, ob und wie sie den Einzelnen darin bestärken, genau dies zu tun. Das heißt, wird der Einzelne tatsächlich bestärkt, das Chaos zu konfrontieren, oder bildet die Gemeinschaft einen Sicherheitswall vor genau diesen Erfahrungen? Es ist dies das wichtigste Merkmal. Es ist nun aber kein Zufall, dass die wahren spirituellen Meister ihre Erleuchtung – hier: die Identifikation mit der Natur des Chaos – nicht in der Gruppe oder dem Sangha fanden, sondern in der Einsamkeit der Wüste, der Höhle, der Zurückgezogenheit. Dort vermag er das Chaos an sich zu konfrontieren; die Gruppe muss notwendigerweise durch ihre soziale wie auch immer geschaffene Architektur diesen Prozess verhindern. Die spirituelle Gruppe ist – wie der Guru selbst – damit eine nicht nur hoch-kontroverse, sondern eine hoch-paradoxe Angelegenheit, etwas, worüber ich im zweiten Teil ausführlich zu sprechen kommen werde. Denn die Funktion des Gurus im Sangha ist nicht die, den Schüler zu erleuchten, *sondern um der Gesamtgesellschaft zu zeigen, dass die Überwindung und Transzendierung des Selbst in seiner Kulturzeit an sich möglich ist.* Erleuchtung findet niemals im Sangha statt, und kann es aus bestimmten, später zu erwähnenden Gründen niemals.

Was der Lehrer in der Gruppe zeigen und exerzieren kann, ist bestenfalls seine ideale Weise, mit dem Chaos umzugehen, und seine Unerschrockenheit, seine Ungebundenheit, sein Tod und seine stete Wiedergeburt. Dies lernte er in der Wüste. Seine Lehre muss – und daran sollte er bemessen werden – immer darin bestehen, den Schüler darauf v o r z u b e r e i t e n, im rechten Moment selbst in die metaphorische Wüste zu gehen und seinen eigenen Chaoskampf auszurichten. Es liegt in der Natur des Chaoskampfes, dass der individuelle Weg des Gurus nicht erneut und von einem anderen gegangen werden kann, denn der Chaoskampf gebiert aus der Tiefe der individuellen Psyche. Dass jedoch das überwältigende Gros der Schüler so gut wie niemals für diesen Kampf bereit ist, haben allein die letzten dreitausend Jahre spirituell-religiöser Geschichte mehr deutlich gezeigt. Der Einzelne ist weder bereit, im Chaos zu sterben noch in der Ordnung wiedergeboren zu werden, noch unzählige Wiederholungen dieses Prozesses durchzuführen. Daher ist der Guru oder Lehrer nichts als ein Denk- oder Mahnmal, eine Kuriosität oder Anomalie seiner Zeit, höchst selten, unberechenbar, unerwartbar, und doch immer wieder in den Zeiten und Kulturen aus eigener Kraft auftauchend.

Wie oft, fragte der alte kranke Mann, muss ich wiedergeboren werden, bevor ich das Leid dieser Welt überwinde? Und der Buddha sagte: So oft wie die Anzahl der Mangos dort am Baum! --- W a s können wir an dieser Aussage erkennen? Meinte er – im Kontext einer prärationalen oder auch mystisch-magischen Weltsicht, wie sie vor 2.500 Jahren gegeben war – tatsächlich eine Neugeburt und Re-Inkarnation aus einer über-weltlichen Domäne, oder war er nur unfähig, diesen Prozess in psychologischen Begriffen auszudrücken? Findet, mit anderen Worten, Re-Inkarnation nicht jedes Mal statt, wenn wir alte Selbst- und Weltstrukturen ablösen und Neue erschaffen? Denn befreien wir uns nicht vom Leid, wenn wir immer und immer wieder das Chaos konfrontieren, alte Selbst- und Weltstrukturen auflösen und neue bilden, bis wir da nicht nichts mehr ist, das in uns noch Leid erzeugen kann? Es ist dies im Übrigen – auf andere elaborierte Weise gedichtet – d i e s e l b e Geschichte wie die der Wiederauferstehung Jesu Christi. Lediglich die kulturelle Deutung des Chaos unterscheidet sich. Wir haben gesehen, dass die Alten das Chaos noch als etwas betrachteten, das irgendwie außerhalb von uns liegt, eine Art metaphysische Dimension, die doch eigentlich eher im psychischen Binnenraum zu verorten ist.

Wer also das Chaos konfrontiert, wird unsterblich; er überwindet seine eigene Finalität, weil er das Chaos und den Tod des Selbst in der Einsamkeit der Wüste konfrontierte. Ich habe – so spricht der Heilige – meine Seele dem Abgrund geöffnet, und der Abgrund schaut in mich hinein. Dieser Abyss: Dies ist die Tiefe der See oder Erde, später dann auch als Hölle konzeptualisiert, wenn der Mensch die Teile seines Selbst nicht loslassen will, und das Feuer und die Dämonen an ihm zerren: dann erscheint das Chaos als Hölle, und die Engel Gottes als Dämonen, die an dir zerren. Einen Hinweis finden darauf wir in der *Septuaginta*, dem sogenannten alten griechischem Testament, in dem das griechische *abyssos* für das hebräische *rehom* genutzt wurde, um das ursprüngliche Chaos zu bezeichnen.

So lasst uns dann ein Wort verlieren über den Protagonisten des *Chaoskampfes.* Dieser Kampf ist nur für die Starken, wohlgemerkt, für jene, die Höhenluft wagen und sich nicht fürchten, zu fallen. Denn es bedeutet zunächst zweierlei: Das zu konfrontieren, auf dass wir instinktiv, ja genetisch eingestellt sind, zu meiden, so wie wir das Reptilienartige und Raubtierhafte meiden, sollten wir außerhalb unserer Zäune der Zivilisation auf es treffen, denn es ist dies, was den größten Schrecken in uns auslöst. Und zweitens dass aufzugeben, was Halt und

Sicherheit gibt. Es ist dies, soviel kann man sagen, ein einsamer Kampf und keiner, der in Sicherheit einer Enklave vollzogen werden kann, denn es ist dieses Verlangen nach Sicherheit und Führung, das Selbst dem Schwerte zum Opfer fallen muss. Man muss die Angst selbst opfern.

Es ist unser Verlangen, mithin unser Wille, der unseren Zugang zur Welt sowie uns selbst bestimmt, und allein das Verlangen nach Sicherheit mag die Sicherheit in Keim erzeugen. Hier muss das Schwert schnell und tödlich geführt werden, dass kein weiterer Gedanke an dieses Morphium verschwendet wird: Woran man sich halten soll, ist einzig das Schwert; dasselbe Schwert, mit dem Jesus den Suchenden von seinen Verwandten löst, das Schwert Michaels, um das Chaos niederzuringen. Mit ihm springe man dann in den Abyss, diese Hölle. Diese Begegnung ist nichts für die Massen der Yoga-Praktiker, sondern den archetypischen Helden. Die Massen mögen profitieren, mögen diesen Fall simulieren, sich ausprobieren, einen Zeh hineintauchen in diese Lava, und mögen sich daran allein verletzen in dem Versuche, das Selbst zu überwinden.

§ 12

Betrachten wir erneut die vier grundlegenden Handlungsdomänen, in denen das evolutionär neu auftauchende Bewusstsein mitwirken kann – und besonders jene Domäne, die sich mit ihrem eigenen psychologischen Zustandekommen beschäftigt – so ist naheliegend, dass sich historisch eine Technik entwickeln muss, um einen konkreten Zugang zu diesem Bereich zu bekommen und ihn auszudifferenzieren. Wie die Domäne der künstlerischen Repräsentation zu rudimentären Saiteninstrumenten oder Verwendung von Farben führte, musste auch die Spiritualität eine konkrete Technologie bereitstellen. Eine solche Technik, die also notwendig ist, damit sich die entsprechende psychologische Handlungsdomäne ausdifferenzieren kann, musste im Wesentlichen aus zwei Faktoren bestehen: Abgrenzung von den drei anderen Handlungsdomänen Kunst, Technik und Sozialem, sowie die unmittelbare Erfahrung psychologischer Komplexität. Wir können eine solche Technik eine Protoform der Meditation nennen.

Man muss sich die Ausgangssituation einmal bildlich vorstellen, wie sich der dem ersten Meditierendem eröffnende, psychische Innenraum darstellen musste, ohne dass er Begrifflichkeiten zur Verfügung hatte, die wir heute im Vorübergehen benutzen: Der psychische Binnenraum musste dem aufwachenden Betrachter nicht nur komplex, sondern unbeschreibbar erscheinen. Was konnte jener erste Asket, der sich vor vielen tausend Jahren zurückzog und für wenige Minuten die Augen schloss, überhaupt innerlich wahrnehmen, mussten ihm doch Kategorien wie Gefühle, Emotionen, Gedanken, Schemata und Konzepte wie ‚Ich-Stimmen', ‚Teil-Selbste' etc. vollkommen fehlen? Was konnte er eigentlich beobachten, außer einem womöglich ozeanischen Wallen, ein innerliches hin-und her geschleudert werden von Kräften, die er selbst nicht verstehen konnte; ja, *konnte er sich selbst* überhaupt als jemanden begreifen, der all dies bezeugte? Oder verschwand er selbst für einen Moment im psychischen Binnenklima? War vielleicht die

Entwicklung jenes ‚Zeugen', des sich selbst im Zentrum subjektiver Erfahrung verortenden Subjektes, *dem dieses psychische Wallen widerfährt*, etwas, was evolutionär durch diese Technik gefördert wurde? Kein Wunder scheint es insofern, dass der ‚Zeuge', wie er in etwa in der buddhistischen Noetik auftaucht, einen besonderen Zustand meinte, den es zu erklimmen galt und der keineswegs selbstverständlich war. Was heute selbstverständlich erscheint – die Erfahrung des sich selbst erfahrenen Subjektes im psychischen Raume – musste zunächst evolutionär erarbeitet werden, so viel steht fest. Wir dürfen diesen evolutionären Zusammenhang nicht vergessen, wenn wir heute zum ‚Zeugen-Bewusstsein' sprechen; glauben wir zu verstehen, was die Alten damit meinten, oder ist dies ein Zustand, der uns heute schon kulturell mehr oder weniger automatisch konditioniert wird?

Meditation, gedacht als spirituelle Basispraxis, ergibt in unserem Zusammenhang nur dann Sinn, wenn in ihr der Chaoskampf ausgetragen und zum Ausdruck kommen kann. Sie impliziert, die sicheren Bereiche der Erfahrung zu verlassen und sich der Komplexität zu stellen, die spätestens dann auftritt, wenn Schmerz und das Unbekannte die Aufmerksamkeit und Konzentration zu übermannen drohen. Dass die bekannten und alltäglichen Weisen des Denkens, Erinnerns, Fühlen und Seins wegbrechen, ist das Ziel der Meditation, und in diesem Wegbrechen liegt sowohl Schmerz als auch Ekstase.

Meditation beginnt erfahrungsgemäß dann, wenn man eigentlich aufhören *möchte* – weil das Alltagsdenken und -sein sich selbst aufrechterhalten wollen. Wille beginnt, wenn dieses Bedürfnis, diese Initial-Trägheit überwunden, wenn das zirkuläre Alltagsdenken durchbrochen, wenn die Zirkularität von Gedanke und Gefühl gestört wird, durch sich das Verständnis von Selbst und Welt aktualisieren. Was hier von Bedeutung ist, ist, dass die bequemen Bereiche verlassen werden. Das mag nach fünf Minuten passieren, oder nach fünf Stunden. Die Selbst-Identifikation und Weltidentifikation muss weichen. Auch die Erfahrungen der Nondualität oder der Leere sind nur sekundär. Das Verlassen der Form ist das Wesentliche, das Verlassen des Prozesshaften, der Autopoiese des Denkens. Dies, die andauernde Dekonstruktion und Neukonstruktion des psychischen Binnenraumes ist der überdauernde W e r t der Meditation.

Meditation, als spirituelle Kern- und Übungstechnik, ist dann also erfolgreich, wenn zumindest ein wenig die geordneten Bereiche verlassen wurden, wenn zumindest ansatzweise das Chaos konfrontiert und die Illusion des Selbst und der (subjektiv erfahrenen) Welt erkannt wurde. Es macht kein Unterschied, oder wenn dann nur in sekundärer Hinsicht, welche Meditationstechnik dabei verwendet wird, oder wie diese Technik kulturell auskodiert wird. Denn dies ist im Wesentlichen das Ziel einer jeden wirklichen Meditation; es geht nicht um Wellness oder Entspannung. Die Loslösung von der Welt der Form, sei es in Bezug auf das Selbst oder der Welt, hat den Vorzug. Die Loslösung von den geordneten Bereichen geht immer einher mit einer Freisetzung psychischer Energie, sei es in Form von Ekstase, Motivation oder Lust, und mehr als alles andere ist diese Freisetzung von Energie das wesentliche Indiz für die Loslösung vom Selbst.

Eine Frage erhebt sich hier: Warum – oder genauer: wozu – sollte sich so etwas Meditation historisch entwickeln und tradieren? Dies ist weder unmittelbar einleuchtend noch unmittelbar zwingend. Die nächstliegende Antwort darauf scheint zu sein: Sie muss irgendeinen einen evolutionären Vorteil mit sich gebracht haben. Die Selbsterforschung via Meditation und anderer Techniken, ja: Der Chaoskampf in der Domäne des Geistes selbst, wird notwendigerweise nicht nur zu höherer geistiger Komplexität geführt haben, sondern zu einer gesteigerten Handlungsfähigkeit in den anderen drei Handlungsdomänen Kunst, Technik und Sozialem. Wer, banal gesagt, seine Emotionen – oder im Allgemeinen: sein Innenleben – steuern kann, wird erfolgreicher bestimmte Techniken und Verfahren lernen oder Motivationen freisetzen können. Auch der Einfluss auf das Sozialleben kann nicht unterschätzt werden, denn soziale Verträge können eher mit jemandem geschlossen werden, der seine egoistischen und aus dem Dunkel hervorbrechenden Impulse unter Kontrolle hat. Ich sage damit nicht, dass Meditation der einzige Grund dafür war, da mono-kausale Erklärungen komplexe Prozess kaum angemessen beleuchten können. Was ich indes sage, ist, dass beispielsweise die kontemplativ-meditativen Techniken des Christentums, wie sie nicht nur in den Kirchen und Klöstern geübt wurden sondern auch im täglichen Gebet im Alltag der Einzelnen, eine große Rolle in Bezug auf die Bestärkung und Bestätigung der christlichen Weltsicht, der christlichen Narrative und der sozialen Ordnung gespielt haben. Ohne diese bestätigenden Techniken, die die christliche Weltsicht in der Praxis bestätigen und die auch von Tag zu Tag von dem Bürger praktiziert werden konnten, wäre es undenkbar gewesen, dass sich die christliche Weltsicht auf die uns bekannte Weise stabilisieren konnte; Theorie und Ethik allein hätten nicht ausgereicht, es braucht stets Verfahren, die diese Weltsichten strukturell mit dem Alltag koppelt. Dasselbe gilt offensichtlich für die buddhistische oder andere traditionell-religiöse Kulturen: Wir müssen infrage stellen ob diese unterschiedlichen Weltsichten in die jeweilige kulturelle DNA eingebettet werden konnten ohne die expliziten Praktiken, durch die die religiösen Narrative einen Einfluss auf das tägliche Leben hatten.

Wenn wir uns also durch solche Techniken gegen den Schrecken des Chaos desensibilisieren, so werden wir, um einen modernen Begriff benutzen, auch resilienter gegenüber den Konflikten und Problemen unseres Lebens. Wir lernen, unsere Ziele zu erlangen im Angesicht von Zukunft und Widerstand. Leid, Chaos und Ungewissheit verlieren ihren Schrecken. Wir können, so die Botschaft der Spiritualität, überdauern!

§ 13

Wir wollen diesen Abschnitt durch ein paar allgemeine Betrachtungen abschließen. Was ist es also, diese spirituelle Arbeit, und das spirituelle Leben, unserem bisherigen Verständnis zufolge? Es heißt, die basale Dichotomie unserer Existenz – dem Streben nach Ordnung wie nach Chaos – im Geiste zu integrieren und anzuwenden. Dies impliziert Willen, da der Wille zwischen Gegenwart und Zukunft vermittelt: *Konfrontierte das Chaos, erzeuge Ordnung aus dem Chaos. Dann: Transzen-*

diere die gewonnene Ordnung. Erlangung oder Erleuchtung meint – auf welcher Analyseebene auch immer – diese Wahrheit integriert zu haben, nämlich, um das taoistische Credo zu nutzen, dass *Wechsel gleich Stabilität* ist … oder in seiner buddhistischen Version: *Annicca.* Man kann dies natürlich auf der Ebene rein kognitiven Verständnisses verinnerlichen; oder auf emotionaler Ebene, oder auf der Ebene der Selbsterkenntnis, dass sich die Welt über den steten Fluss von Ereignisse stabilisiert; oder noch basaler: auf der autopoietischen Ebene der kognitiven Bildung von Selbst- und Weltstrukturen. Auf jeder tieferen Stufe vertieft sich unser Gewahrsein.

Die Alten waren sich dieser Dichotomie wohl bewusst. Die Idee von Tod und Wiedergeburt, dargestellt in der Geschichte von Jesus Christus, ist ein offensichtliches Beispiel für eine prärationale Kodierung dieser Dynamik. Es spielt keine Rolle, ob Christus ‚wirklich' die Höhle nach drei Tagen verlassen hat und in Erscheinung trat. Viel bedeutender für uns hier ist, was es bedeutet: Nämlich dass wir unsere kognitiven Strukturen von Selbst und Welt, unseren symbolischen alten Körper, zurücklassen und erneut errichten können. Hier ist es, wo Kognitionswissenschaft und Spiritualität konvergieren: Das Ego ist eine Illusion, die von autopoietisch operierenden Netzwerken erzeugt wird, es gibt keine Essenz oder ein ‚Ich' – da ist sprichwörtlich niemand zu Hause! – und dies ist natürlich ebenso eine profunde spirituelle Einsicht, die durch Techniken wie der Meditation möglich wird. Diesen Zusammenhang auf der fundamentalsten Ebene unseres Seins zu erkennen – auf der psychologischen Ebene wo die Unterscheidungen zwischen Gegenwart und Zukunft, innen und außen, oder zwischen Selbst und Welt gezogen werden – bedeutet, nach welcher Tradition auch immer, ‚Erleuchtung' gefunden zu haben; dies jedoch nicht nur rational zu wissen, sondern in der Lage zu sein, jene Unterscheidungen zu dekonstruieren, die das Bewusstsein überhaupt erst hervorgebracht haben. Wenn dies geschieht, wenn diese ersten Unterscheidungen dekonstruiert wurden, tritt man in die formlosen, nein: chaotischen Bereiche ein, von denen uns der Buddhismus berichtet.

Tod und Wiedergeburt: Dies ist auch eines der grundlegendsten Motive im Schamanismus, erlangt durch eine Initiation, während der die Geister dem werdenden Schamanen das Fleisch von den Knochen reißen, um ihn dann wieder zum Leben zu erwecken. Durch diese Neugeburt erhebt er sich über den *profanen* Menschen. Doch dies ist nicht nur *eine* Initiation: Das Leben des Schamanen besteht aus einem kontinuierlichen Prozess des Sterbens und Wiedergeboren-Werdens. Er stirbt nicht einmal, sondern unzählige Male. Die Fähigkeit, wie es Mircea Eliade feststellte, immer wieder zu sterben und wiedergeboren zu werden, zeigt, dass der Schamane die menschliche Natur überwunden hat. Darin liegt seine Kraft. Er ist nicht mehr an Geschichte gebunden. Er muss sich von den Geistern das nehmen lassen, was ihm die Verankerung in dieser Welt ist: Sein Körper. Er muss sich in das Chaos des Sterbens stürzen, um neu geboren zu werden. Er muss sich selbst opfern. Nur durch das vollkommene Selbstopfer kann das Eintauchen in den Abyss vollständig geschehen. Solange etwas zurückgehalten wird, ist da Schmerz. Doch Loslösung vom Alten ist Ekstase.

Dass überdies Spiritualität nichts mit einem Konzept von ‚In-der-Gegenwart-Sein' zu tun hat, haben wir eingehend schon angedeutet: Wir sind handlungsorientierte Lebewesen, die Zukunft zieht uns; Menschsein heißt, in gewisser Weise zielorientiert handeln zu können. Lediglich ‚glücklich in der Gegenwart zu sein' ist psychologisch weder möglich noch wünschenswert. Wir werden in Kapitel 3 sehen, wie genau diese Vorstellung zustande kam – nämlich als eine Verzerrung traditioneller Lehren, die aus dem Osten importiert wurden. Das Dogma des Nicht-Handelns östlicher Traditionen heißt nicht einfach, nicht zu handeln. Es war, wie so viele religiöse oder mythische Dogmen, ein Versuch, das Verhalten der Individuen zu disziplinieren. Nicht handeln heißt in der östlichen Tradition, zum rechten Augenblick im rechten Maße zu handeln. *Wu Wei* etwa, das taoistische Konzept überliefert durch Laozi, wird gewöhnlich als Nicht-Handlung angesehen, was tatsächlich aber eher ‚Mühelosigkeit' und – folgt man Laozi – im ‚Einklang der Dinge zu handeln' bedeutet. Es heißt in diesem Sinne, natürlich zu handeln, und der Handlung nichts entgegenzustellen, wie zum Beispiel etwas zu erwarten und in weitester Hinsicht frei von Bindung oder Zielvorstellungen zu sein, während man handelt. Dies hat nichts mit passiven nicht handeln zu tun.

Wie also soll man handeln und sich gleichzeitig nicht an die Früchte oder Ursachen wie die Ziele seines Handelns binden? Wie kann man mühelos handeln? Die Psychologie hat mittlerweile ein Äquivalent zu *Wu Wei* definieren können, nämlich *Flow*, was nicht nur eine zielorientierte Handlung beschreibt, sondern eine, die sich durch innere Ordnung des Erlebens sowie eine Form von Ekstase auszeichnet, durch Leichtigkeit, ja Mühelosigkeit, in der alles auf scheinbar natürliche Weise auf ein Ziel zustrebt. Nietzsche und auch Sloterdijk bemühen in diesem Zusammenhang das Bild des Seiltänzers, der hoch über dem Publikum tanzt. Denn was ist notwendig, nicht zu fallen? Es ist ein Zustand der verträumten Konzentration, die nicht von den Ängsten und Angelegenheiten dieser Welt betroffen ist oder von dem Gedanken, ans Ziel zu kommen oder Applaus zu erhalten. Trotzdem strebt der Seiltänzer zur anderen Seite. Dasselbe *Motiv* finden wir im Übrigen auch in der Tarotkarte *Der Narr*, die einen Jüngling darstellt, der auf einer Bergkante tanzt, den Blick zum Himmel gerichtet – sein Gewand erweckt den Eindruck, als seien es Flügel. Auch er fällt nicht, solange er nicht nach unten schaut. Er ist enthoben, er balanciert auf der Nadelspitze. Der Abgrund vor und unter ihm ist natürlich das Chaos, und doch ist er erhaben. Auf seinem Gewand finden sich unzählige Sonnen: Er ist eine Repräsentation der Heldenfigur.

Man darf diese symbolischen Darstellungen nicht unterschätzen, denn sie spiegeln tiefe psychologische Zusammenhänge wieder. In gewisser Hinsicht findet sich die Karte des *Narren* ergänzt in der von der *Kraft*, oder, wie sie auch manchmal heißt: *Lust*. Hier finden wir eine äußerst schwelgerische, passive, feminine Figur, die auf einem Biest reitet (oder in anderen Darstellungen neben dem Biest steht). Es ist dasselbe Prinzip wie das des Narren, nur konkreter ausgeformt. Flow heißt, in dieser Vereinigung passiv-empfänglicher und aktiv strebender Elemente vorwärtszugehen, nicht einzugreifen. Die reitende Frau ist natürlich das bezeugende Element der Psyche selbst, das Biest die – um es mal so zu sagen:

Bioenergie, die rohe Lust und Kraft – … keine der beiden Elemente könnten für sich allein genommen auf dem feinen Grat zwischen Ordnung und Chaos verweilen. Das passive, feminine Element würde zu sehr in der Ordnung, das maskuline zu sehr ins Chaos abdriften.

Auf einer noch tieferen – oder besser gesagt: grundsätzlicheren – Ebene können wir den sexuellen Akt – und der Vereinigung maskuliner und femininer Elemente – als die vollkommene Glyphe für den reinen spirituellen Akt und den Chaoskampf erkennen. Wie sollte es auch anders sein: Wie in die unergründlichen Abgründe der Frau muss sich der Held in voller Lust oder Intensität oder Freude oder Flow in den Abyss und das Chaos stürzen. Das Chaos ist in den Mythen stets feminin und der heldenhafte Akt, aus ihr Ordnung zu schaffen stets maskulin, von wem nun diese Rollen auch immer übernommen werden. Die Tantriker wussten stets um diesen grundsätzlichen Zusammenhang: Der vollkommene Akt kümmert sich nicht um Ergebnisse und wird getrieben von reiner Lust: Dies gilt für Sexualität ebenso wie für die tiefen Zustände der Meditation wie auch die profansten Handlungen unseres Alltags. Sich hier an Ergebnisse oder Hoffnungen zu binden ist genauso absurd wie zu hoffen, der intensive sexuelle Akt habe Ergebnisse – wollen wir hier vom biologischen Nachwuchs einmal absehen. Die Kunst des Wollens ist immer eine Kunst der Lust, die sich nicht an etwas binden braucht und doch stets Licht in das Dunkel bringt. Wie könnte sich der spirituelle Akt auch anders verwirklichen wenn nicht durch die DNA des basalsten menschlichen – oder existenziellen – Aktes? Die höchste spirituelle Lebenskunst besteht in nichts anderem, als den Alltag so zu behandeln, als sei er der heiligste und intimste sexuelle Akt, getragen von Liebe und Wille zur Vereinigung und Loslösung, ohne der Hoffnung auf irgendein Ergebnis, in einem Akte des reinen Selbstopfers. Denn dies heißt es, zu leben, und so ein Leben heißt, sich während des Lebens in den verschiedenen Erscheinungsformen des Chaos zu entfalten und Henosis anzustreben. Spiritualität kann nicht frei von dem sexuellen Akte gedacht werden, denn der sexuelle Akt ist die Basis unseres Daseins. Spiritualität heißt nichts anderes, als aus diesem Akte ein ethisches Prinzip zu machen. Es ist der ewige Tanz von Yin und Yang. Wer also wirklich etwas über Spiritualität wissen will, der schaue zunächst auf das Wesen der Sexualität.

II. DAS OPFER

§ 1

Unsere Überlegungen zur Spiritualität waren bislang mit den Argumenten zum Chaoskampf auf gewisse Weise einseitig, fehlte da doch ein vitales Element, welches unser Verständnis der Spiritualität erst vervollständigt, und ohne das der Chaoskampf selbst weder zu verstehen, noch praktisch umzusetzen ist. Man könnte sagen, dass der Chaoskampf selbst ein forsches, exploratives – man könnte sagen: m a s k u l i n e s – Unternehmen ist, die geordneten Bereich des Seins zu verlassen, um stets komplexere Ordnungen aufzubauen; dies muss aber letztlich scheitern, wenn es nicht durch ein eher f e m i n i n e s Element ausgeglichen oder ergänzt wird, um bei dieser Metapher zu bleiben. Ohne dieses feminine Agens kann sich das eher maskuline Agens des Chaoskampfes weder voll verwirklichen, noch verstanden werden. Wie können wir uns diesem femininen Agens annähern?

Zumindest bis zu einem gewissen Ausmaße muss Spiritualität durch grundlegende biologische Wirklichkeiten informiert worden sein, durch gewisse maskulinen und femininen Kompetenzen und Archetypen, die sich sowohl im Mann wie der Frau ausdrücken können. Auf einer rein endokrinologischen Ebene ist man sich etwa seit einiger Zeit durchaus klar, dass die beiden Hormone Dopamin und Serotonin bei der Bildung von geschlechtsspezifischen Interessen eine bedeutende Rolle spielen, ist doch für exploratives ‚maskulines' Verhalten das Hormon Dopamin verantwortlich, während Serotonin dazu führt, unsere Aversion dagegen zu stärken, andere zu verletzten und die soziale Ordnung zu stören; Serotonin fördert eher feminine Verhaltensweisen und Interessen. Diese beiden Strategien müssen sich in den frühmenschlichen und archaischen Gemeinschaften als gewinnbringend erwiesen haben, wo Männer im Wesentlichen für die Produktion und Frauen für die Verteilung der Produkte verantwortlich waren.

Wie dem aber auch sei, kein freiwilliger Sturz in das Chaos, kein Chaoskampf wäre vollkommen, würde in ihm nicht das Element der Selbstaufgabe, der Fürsorge und der Hoffnung auf Erneuerung und Überleben zum Ausdruck kommen. Hier finden wir die biologischen Bedingungen der Ethik, und wollen wir über Spiritualität sprechen, kommen wir nicht umhin, auch ihr Fundament in der Biologie zu integrieren. Um zu etwas Neuem zu streben, muss man die alten kognitiven Strukturen von Selbst und Welt zurücklassen; tatsächlich können wir diese beiden Aspekte als zwei Seiten einer Münze betrachten. Der reine spirituelle Akt setzt sich so gleichermaßen aus explorativen Verhalten und der Loslösung von alten Selbst- und Weltstrukturen zusammen. Wir wollen uns diesem Aspekt einmal zuwenden.

§ 2

Wir sind zukunftsgezogene Lebewesen; die Zukunft macht uns zu Menschen. Doch neben der Erfindung der Zukunft musste vor vielen tausend Jahren eine weitere Erfindung auftauchen – vielleicht war es auch mehr eine Erkenntnis – damit wir beginnen konnten, unser Potenzial zu entfalten: Nämlich die Idee, *dass wir die Zukunft verändern können*, dass wir auf die Zukunft einwirken können, oder noch genauer: Dass wir die Menge möglicher Zukünfte durch bestimmte Verfahrensweisen auf eine Bestimmte engführen können. Die Erfahrungswerte zeigten schnell, dass durch geeignete Verhaltensweisen das Unbestimmte plötzlich bestimmbar wurde. Und *wir wurden plötzlich zu Wirklichkeitsakteuren, die ihren eigenen Einfluss auf die Umwelt und Zukunft plötzlich aus Ausgangspunkt weiterer Handlungen auf die Umwelten und Zukünfte realisieren und gestalten konnten.* Wir wurden zukunftsgesteuert, oder besser: Sich auf die Zukunft hin selbststeuernde, in dem Sinne ‚autopoietische' operierende Lebewesen, die sich als solche erkannten und definierten. Wir sind Möglichkeitsverwirklicher.

Die psychologische und soziale Bedeutung der Erkenntnis dieser Veränderbarkeit der Zukunft ist kaum zu unterschätzen: *Da ist nicht nur eine Zukunft, sie ist auch veränderbar!* Aus einer Vielzahl möglicher Zukünfte ist eine kondensierbar, eine realisierbar. Diese Erkenntnis bildet das Fundament unseres Alltagserlebens. Mit jeder Zukunft, die sich bildet, mit jeder bewussten Geste, schwindet (und öffnet sich gleichzeitig) die Zahl anderer Zukünfte, die auch sonst möglich waren. Wir wurden plötzlich zu Gestaltern unserer Wirklichkeiten. Wir wurden historisch zu etwas, was die Zukunft verändern, sich gegen die Natur schützen, die Kultur aufbauen und das Leid reduzieren konnten. Wir wurden von jenen, die schutzlos der Komplexität der Welt ausgesetzt waren und das Leid erfahren konnten, zu denen, die Schutzwälle gegen das Leid aufbauen konnten.

Bleiben wir im Rahmen dieser Überlegungen, können wir mutmaßen, dass mit dem Auftauchen der vier grundlegenden Handlungsdomänen auch unterschiedliche

Weisen entstanden, die Vielfalt möglicher Zukünfte auf Bestimmte engzuführen, abhängig davon, ob man künstlerische, technische, soziale oder geistige Strategien wählte. Man kann eben Feuer entwickeln und die Ernährungsweise ändern, Hütten bauen, Landwirtschaft entwickeln und komplexere soziale Mechanismen entwickeln, um zu überleben. All dies definiert und sichert die Zukunft. *Spirituell, proto-religiös bzw. proto-psychologisch sind dann aber jene Strategien, die versuchen, über die Konditionierung und Steuerung des psychischen Binnenraums und unseres Selektionsmechanismus diese Kondensation möglicher Zukünfte in Bestimmte einzuleiten und das kommende Leid zu minimieren.*

Das Ziel und Objekt der Beobachtung der Spiritualität ist immer das Bewusstsein, und es musste sich auch im Verlaufe der Kultur- und Menschbildung zeigen, dass man das Bewusstsein verändern konnte, um die Wirklichkeit, oder zumindest die Weise, wie wir Wirklichkeit beobachten, zu verändern: Auch das eine unglaublich einflussreiche Erkenntnis in der Menschheitsgeschichte, mit der Änderung des Denkens auf den kognitiven Selektionsprozess möglicher Zukünfte einzuwirken. Lange bevor die Psychologie und die Sozialwissenschaften sich dieser Einsicht annähern konnten, waren es die spirituellen Praxen, die diese Einsicht ermöglichten. Nicht nur durch Werkzeuge und soziale Regeln, sondern auch durch die Veränderung des Bewusstseins konnte die Zukunft bestimmt und gestaltet werden. Es ist daher kein Zufall, dass am Kern vieler, wenn nicht aller mystischen und religiösen Traditionen die magischen Techniken und ‚Kräfte' lagen, seien es *Siddhis*, seien es westliche ‚magische' Rituale oder höhere mentale Techniken. Wir müssen hier berücksichtigen, dass ‚Magie' in diesem

Sinne nichts anderes meint als jene mentalen Gymnastiktechniken, durch die wir von vielen Zukünften eine in die Wirklichkeit bringen, denn alles, was Magie ermöglicht, ist, mit der Zukunft zu verhandeln. Thoth, der ägyptische Gott der Magie, war etwa gleichzeitig der der Gott der Schrift: Für alle Uneingeweihten musste z.B. die Schriftkommunikation wie eine magische, göttliche Technik wirken. Wer schreiben konnte, war Herr über die Zukunft. Die alten, prärationalen Techniken, um Zukunft zu bündeln, legten das Fundament unserer heutigen Zukunftstechniken: Wir schreiben zwar nicht mehr auf Papyrus, um unsere Zukunft in die Wirklichkeit zu bringen, sondern auf Computern, und sichern so buchstäblich unsere Karrieren. Aber wir schreiben! Und jedes Wort, sei es nun achtsam oder unachtsam gesprochen, ja jedes Symbol, das wir denken, hat einen Einfluss auf unseren internen Selektionsprozess der Zukunft, wie klein oder auch wie groß dieser Einfluss manchmal sein mag. Wir alle wissen, dass ein achtsam gesprochenes Wort zur rechten Zeit, sei es in guter oder boshafter Absicht, gravierende Folgen haben kann. Das gesprochene Wort – das sorgfältig gewählte Symbol – erzeugt unsere Welt. Daher auch die Ethik der rechten Rede im Buddhismus. Am Beginn der menschlichen Kultur und Bewusstseins liegt daher nicht nur das Symbol (‚Am Anfang war das Wort'), sondern die Erkenntnis und die Bewusstheit, dass ein gesprochenes Wort oder das sorgfältig gewählte Symbol Folgen erzeugen wird.

Konkret heißt dies: Wir können Wirklichkeit gestalten, wenn wir einen internen Selektionsprozess verwenden, der die Menge möglicher Zukunft eben auf eine reduziert. Wir erreichen dies, indem wir uns so verhalten, dass wir alle anderen Möglichkeiten und Zukünfte, die wir nicht wollen, und damit zusammenhängend alle sprachlichen Begleiterscheinungen, alle Verhaltensweisen und Sprechakte ablegen und unberücksichtigt lassen. Und wir können diese Strategie ‚das Opfer' nennen. Denn wir opfern hier das Gegenwärtige und die kognitive Vielfalt an zukünftigen Möglichkeiten für das Eine, was zukünftig in Erscheinung treten soll. Wir opfern das Viele für das Eine.

Wenn die Erfindung der Zukunft die die Menschheit definierende Erfindung war, so muss die, dass wir die Zukunft durch das Opfer beeinflussen oder verändern können, eine ähnlich gravierende evolutionäre Relevanz haben. Diese Erfindungen liegen so tief in der Architektur des menschlichen Geistes verborgen, dass sie notwendigerweise eine grundlegende Rolle dabei spielen, wie sich die Menschheit und die Kulturen entwickelten. Denn ohne diese Technologie kann nichts erreicht und gestaltet und keine Zukunft verwirklicht werden. Jeder Lebensbereich und jede Lebenspraxis, die wir in den letzten Millennien entwickelten, hängt davon ab. Mensch sein heißt, internalisiert zu haben, dass wir dem Wandel der Zeit nicht vollkommen passiv ausgesetzt sind, sondern dass wir zu handeln vermögen und durch unser Handeln die Zukunft gestalten können. Man kann die kulturhistorische Bedeutung der Idee des Opfers damit nicht überschätzen. In seiner sprachlichen Form *Ich tue etwas, damit ich zukünftig weniger leide, und verzichte im selben Zug auf anderes,* entreißt sich das Bewusstsein von seiner unmittelbaren Seinsempfindung und projiziert nicht nur etwas zunächst Unbeschreibbares in einen Raum jenseits des Jetzt, sondern erfindet ein Heilmittel, um das drohende Chaos, das kommende Urteil Gottes, oder das Schicksal selbst zu bändigen. Nicht die biblische Geschichte, dass Kain Abel erschlug, soll hier von Interesse sein, sondern *dass* beide ein Opfer erbrachten und dass das eine Opfer offenbar mehr wert war als das andere. Dass Kain in seinem Ärger, dass sein Opfer offenbar weniger Bedeutung hatte als das seines Bruders, diesen erschlug, ist in diesem Sinne nur eine Bestätigung, dass das Opfers in der christlichen Frühzeit schon längst als funktionale Anthropotechnik anerkannt worden war.

Wichtig in unserem Zusammenhang ist nicht nur, dass das Opfer in jeder Religion als Technik genutzt wurde, Gott, Götter oder Geister gütig zu stimmen. Selbst in unserem Sprachgebrauch zeigt sich das, denn das altdeutsche Wort opfern stammt von dem lateinischen *operari,* was so viel heißt der Gottheit zu dienen – einer Gottheit zu dienen heißt immer auch, einem höchsten Ideal zu folgen, sich unterzuordnen oder aufzuopfern, ob wir nun dabei eine prämoderne, moderne oder postmoderne Geisteshaltung haben: Ideale hegen wir indes alle. Dabei lässt sich die Idee des Opfers bis auf den Gilgamesch-Epos zurückverfolgen. In dieser alten, wenn nicht ältesten Dichtung finden wir die Götter, die den Pestgott Namtar befahlen, die Menschen zu vernichten. Enki, ein Gott, hatte allerdings der Mitleid mit den Menschen und verriet dem Priester Atrahasis ein Ritual, mit dem die Pest zu beenden sei: Die Menschen sollten Namtar mit Opfern überschütten, bis er von seinem Wirken ablässt – was schließlich auch gelang. In diesem Sinne erscheint der Epos als Anweisung für die Methode des Opfers wie auch als Rechtfertigung, dass sie funktional ist.

§ 3

Wie können wir die Zukunft durch das Opfer binden, und damit sicherstellen, dass nicht Chaos, sondern Ordnung herrscht? Uns drängt sich eine prähistorische ‚Urszene' auf, wie sie vom Anthropologen Eric Gans beschrieben wurde. Wie etwa handeln wir – oder welche Handlungsoptionen haben wir, so fragte er – wenn das Objekt unserer Begierde g l e i c h z e i t i g das Objekt der Begierde eines Anderen ist? *Zunächst* konnte nur der blutige Diskurs über diese Frage entscheiden. Doch bald schon musste sich im Verlauf der Menschwerdung die Furcht vor dem eigenen Blut gegenüber dem Drang zur Bedürfnisbefriedigung durchsetzen. Das Objekt der Begierde, gleichzeitig unendlich attraktiv und unendlich gefährlich, wird dem Überleben selbst gegenüber geopfert. Ein Ton wird ausgestoßen, das Objekt repräsentierend; Sprache erhebt sich, und wird von beiden Seiten als Substitut für das Objekt anerkannt, wird *heilig durch die ihm innewohnende Kraft, einen Gewaltzyklus auszusetzen.* Die prähistorischen Antagonisten wurden in diesem Moment vom Affen zum Menschen, ein heiliges Objekt anbetend, dass sie über den Zyklus der Gewalt und des Instinktiven erhebt. Da sie selbst noch nicht ihre Rolle in der Schöpfung des Heiligen erkennen konnten, wiesen sie dem Objekt indes einen quasi göttlichen Ursprung zu. Gans argumentierte nicht nur, dass dieses neue Zeichen auch als s c h ö n empfunden wurde und die Grundlage der Kunst legte, sondern dass – obwohl wir diese Hypothese nie werden belegen können – unser heutiger Zugang zu dem, was uns heilig erscheint, derselbe ist.

In der evolutionären Lösung des Dilemmas, das der eine will, was der andere hat, repräsentiert das Symbol die Macht, Gewalt zu verhindern, soziale Harmonie herzustellen, Anbetung zu ermöglichen und das Überleben in der Zukunft sicherzustellen: Denn wenn wir uns heute nicht wegen des Objektes töten müssen, müssen wir es morgen auch nicht. Die Zukunft erschien plötzlich in einem vielversprechenden Licht. Vor allem aber: Es gab eine Zukunft! Das nun heilige Objekt hatte uns eine Zukunft geschenkt. Die Dinge konnten weiter ihren Lauf nehmen. Bewusstsein und das Heilige: Womöglich trat es gemeinsam auf. Was dies ermöglichte, war nichts geringeres als der Gewinn der Zukunft. Und was dazu nötig war, war nichts anderes, als unser Bedürfnis nach dem Ding dem Heiligen gegenüber zu opfern.

Mit jeder Entscheidung, etwas zu tun, opfert man, das sah auch schon Kierkegaard, zunächst eine Vielzahl anderer Möglichkeiten. Mit vielen Entscheidungen, die man fällt, muss man Dinge aufgeben, die einem ebenfalls wichtig sind. Damit: Um bestimmte Wege gehen zu können, muss man andere Dinge aufgeben. Sei es das Menschenopfer, die die Götter günstig stimmen sollten oder bei denen sich Stammesfürsten und Häuptlinge selbst opferten, um den Stamm zu erneuern, seien es Tieropfer oder später heute finanzielle und lebensweltliche Opfer, etwa wenn wir unsere eigenen Bedürfnisse in der Erziehung unserer Kinder hinten anstellen, oder wenn wir unsere eigene Zeit, unsere Kindheit, unsere lustvollen Impulse opfern, um via Studium oder Arbeit unsere Zukunft sichern, in der Hoffnung auf ein gutes, sicheres, bürgerliches Leben: Strukturell haben all diese Opfer denselben Aufbau. Wir können nur etwas erreichen und der Zukunft eine konkrete Form geben, wenn wir anderes dafür hergeben, wenn wir es opfern, wenn wir uns aufopfern. Diese Anthropotechnik ist derart tief in unserem Verhalten eingebettet, dass wir selten darüber nachdenken. Doch sie musste an einem bestimmten Punkt ‚erfunden' und wegen ihres evolutionären Nutzens reproduziert worden sein. Denn nichts wird erreicht ohne diese Technik. Sprechen wir über die verschiedenen Relevanzebenen von Anthropotechniken, so sind der Chaoskampf und das Opfer die fundamentalsten Techniken in der Domäne des Geistes. Sie informieren und gestalten immer noch alles, was wir tun.

Überhaupt ergibt die Erfindung von ‚Göttern' nur in Hinblick auf die der Zukunft und des Opfers Sinn. Götter sind immer die Mittler zwischen der Gegenwart und der Zukunft, sie bestimmen Schicksale – wie bei Homer, den Ägyptern, der Bibel –, sie gilt es zu beschwichtigen und in der Hoffnung auf eine bessere Zukunft zu verehren und Opfer zu bringen. In einem gewissen Sinne sind sie die Zukunft, bzw. archetypische Repräsentationen bestimmter Zukünfte. Wer eine Romanze will, der opfert eben der Aphrodite, wer eine gute Ernte will, der opfert der Demeter. Die unterschiedlichen Götter, Geister und Dämonen unterscheiden sich in dieser Hinsicht dann nur darauf, welche Zukünfte sie elizitieren und ermöglichen. Und war das Opfer erfolgreich, trat die Gottgestalt in Form der Zukunft in Erscheinung.

Das Opfer selbst ist insofern Teil der kulturellen DNA, eine universelle Kulturtechnik, mit der wir suchen unsere Zukunft durch die Opferung der Gegenwart zu beeinflussen. Wir verhandeln mit der Zukunft; manchmal werden unsere Opfer angenommen, manchmal nicht. Aber es sind vor allem die Ablehnungen unserer symbolischen, sozialen, finanziellen oder zeitlichen Opfer, die uns dazu bringen, reifere und ethischere Menschen zu werden, denn wir müssen überlegen, ob wir nicht noch ein tiefer gehendes Opfer erbringen, uns noch mehr aufopfern können, um die Zukunft zu gestalten. Doch einmal mehr: Nichts im Leben kann ohne das Opfer gestaltet werden; *nichtsdestotrotz* ist das Opfer ein explizit religiöses und spirituelles Konzept. Das zeigt, wie sehr unsere Kultur durch spirituelle Praxen informiert wurde. Opfer konnten heute in allen Bereichen des Lebens erbracht werden, und in vielerlei Hinsicht konnte diese Anthropotechnik nun angewandt werden, um jene Zukunft zu erzeugen, die man für erstrebenswert hielt. Doch während die Domestikation der Zukunft eben in allen Gesellschaftsteilen und allen primären und sekundären Handlungssphären – wie z.B. Ethik und Pädagogik – angewendet werden konnte, gibt es eine besondere Variante des Opfers, die den spirituellen Praxen und Weisheitslehren vorbehalten war. Denn wiewohl Opfer vielfache Formen annehmen können – Zeit, Geld, Lust, Fleischkonsum, etc. –, war da stets ein Opfer, dass alle überragte, nämlich das Selbstopfer.

Vielleicht war das Leid auch hier die treibende Kraft für diese Erkenntnis, dass es ein Inneres gab und dass man seine Inhalte ändern kann; vielleicht war es dieser Leidensdruck, der den Einzelnen nach innen führte, wie auch zu der Realisation, dass man sich bewusst an die Umwelt anpassen konnte. Aber es ist mehr als naheliegend, dass einer der Wege, Leid zu verringern, darin besteht, nach den ‚psychologischen' Ursachen für das Leid zu schauen, da das Leid ja offenbar eine psychologische Größte oder Erfahrungswirklichkeit ist. Was liegt also näher, die psychologischen Ursachen für das Auftauchen dieser Erfahrungswirklichkeit zu suchen und sich davon zu befreien. Wenn also Leid ein psychologisches Phänomen ist, welche durch Chaos und die Zukunft hervorgerufen wird, und wenn man dieses Leid durch eine Reorganisation von psychologischen Inhalten oder Prozessen vermindern kann, was liegt näher als die Idee, sich von jenen Elementen zu trennen, die für das Leid empfänglich sind? Durch diese Strategie oder Anthropotechnik können wir das Leid überwinden, nämlich indem wir die alten Strukturen von Selbst und Welt loslassen, um neue zu erzeugen. Das heißt, Leid – das systematisch betrachtet ja nichts anderes ist als das Resultat davon, dass kognitive Strukturen nicht mehr zu neuen Umständen passen oder weil das Chaos alte Strukturen aufgebrochen hat – kann durch psychologisch-symbolische Opferung desjenigen verringert werden, der Leid erfährt. Und genau dies war, lange bevor die Psychologie als Wissenschaft in Erscheinung trat, die Domäne der schamanischen, religiösen und mystischen Traditionen, oftmals kodiert in Geschichten von Tod und Wiedergeburt.

Mit anderen Worten: Es musste bald deutlich werden, dass es – neben der Ausbildung von Wissen und anderen kulturellen Schutzmauern noch einen weiteren Weg gab, die Unwägbarkeiten des Schicksals und der Zukunft, des drohenden Chaos, zu bewältigen, und auch dies war eine Einsicht, die aus der Spiritualität und der Selbstbeschäftigung des Bewusstseins mit sich selbst möglich wurde. Denn die Frage war, w*ie unser Geworfensein in das Leid selbst überwunden werden kann.* Wir mögen Schutzwälle aufbauen durch Sozialisierung und Kulturbildung, Mauern, um das Chaos und die Gefahr und das Unwägbare auszugrenzen, wir mögen Technologien entwickeln und Weisen des sozialen Miteinanders, wir mögen immer feinere Ich- und Persönlichkeitsstrukturen und Weltsichten ausformen; doch unser Geworfensein in das Leid, und der darunter liegende stete Kampf gegen die Komplexität der Welt wird dadurch nicht gelöst, sondern nur verschoben. Die einzige Weise, das Leid selbst zu überwinden, erfordert (so wurde es den Alten klar), sich dem Chaos selbst zuzuwenden, die geordneten Bereich des Lebens (und des Selbst) zu verlassen und das zu konfrontieren, wovor wir instinktiv die meiste Furcht haben. Die evolutionäre Idee: Wir können Leid überkommen, wenn wir denjenigen opfern, der überhaupt nur zum Empfinden von Leid fähig ist, ja wenn wir die Idee von guten und schlechten Erfahrungen opfern; wenn auch die Grenze zwischen Selbst und Welt fällt, wenn da nichts und vor allem niemand mehr ist, der dem subjektiv empfundenen Leid gegenüber einen Widerstand erzeugen kann, ja, wenn die Konzeption von dem, was Leid sei, zugunsten einer Phänomenologie der Ereignisse überwunden wird, in der das vormals als Leid empfundene Ding kein Bedeutung mehr hat. Leid und Chaos konnten überwunden werden, wenn der Mensch zu einem ‚im Leben Toter' wurde, den das Leid nicht mehr berühren kann: Hier ist die Transformation vollkommen geworden. Dazu müssen alle Strukturen, alles Wissen von der Welt, alle Selbst-Identifikation, alle Persönlichkeit, aller Widerstand, oder im Duktus der Esoterik: Ego, geopfert werden auf dem Altar der Selbstverbrennung. (Wir wollen uns hier nicht mit den Komplikationen des ‚Ego'-Begriffs beschäftigen.) Womöglich ist in einzelnen Fällen eine Wiedergeburt im Schoße der Mutter – dem Kosmos – möglich.

§ 4

Es gibt einen vitalen Aspekt des Opfers, der verstanden werden muss: Das Opfer wie auch das Selbstopfer können nicht ohne G e w a l t vollzogen werden. Gewalt ist das Herzstück von der Spiritualität; Gewalt heißt, sich selbst gegenüber stark sein, heißt, sich, in welcher Ausprägung auch immer, zu beherrschen. Nicht umsonst stammt das Wort Gewalt vom altdeutschen *waltan*, stark sein, und in dieser Bedeutung wollen wir es gebrauchen. Das Menschenopfer, welches praktisch in allen Frühkulturen praktiziert wurde; das Tieropfer; die Hostie, das Opfertier, der Sauerteig, der die Sünde symbolisiert, wie die Hostie das Opferlamm: Wie nur lässt sich ein Opfer ohne Gewalt denken, durch welche es zum Opfer wurde? Ist es nicht ebenso Gewalt, muss man fragen, dass das Kind zur Schulbank zwingt, damit es seine Kindheit einer Zukunft opfert?

Wenn es einen Unterschied zwischen der reifen Spiritualität und einer zeitgenössischen Spiritualität gibt, so ist es das Wissen, das Begreifen, dass jedes spirituelle Handeln in letzter Hinsicht ein gewaltvolles Handeln ist. Ein Praktikant der Ersteren nutzt dieses Wissen, was ihn zu einem starken Menschen macht, während Letzterer vor der Tatsache der Gewalttätigkeit seiner Natur und seines Unterfanges zurückschreckt. Das kann nicht sein, schreit die arme Seele. Spiritualität drehe sich um die Verminderung von Gewalt.

Ja, antwortet der Wanderer in der Wüste, doch dies kann nur erlangt, wenn in der Tiefe des Selbst die Gewalttätigkeit des Wesens anerkannt wurde. Denn wie kann dies nicht Gewalt gegen den Körper sein: Für Stunden unbewegt in der Meditation zu sitzen, den Atem zu kontrollieren. Wäre es nicht Folter, dies einem *anderen* anzutun? Wie kann es nicht Gewalt gegen den Geist sein, sein natürliches und unstrukturiertes Wirbeln durch die Macht der Konzentration zu binden? Wie kann es nicht Gewalt am anderen sein, das Wort des Gurus dem des Aspiranten voranzustellen? Wie kann es nicht Gewalt sein, stark gegenüber Körper und Geist und Gefühl zu sein. Wie kann es nicht Gewalt sein, aus seiner Sprache eine rechte Sprache zu machen, wie es alle Traditionen fordern. Ist nicht der edle achtfache Pfad ein Exerzitium der Gewalt? Muss man nicht stark sein, um zur rechten Rede, zum rechten Denkens, zum rechten Verhalten zu kommen?

Wie – zuletzt – kann es nicht Gewalt gegen das Selbst sein, es selbst zu verbrennen, sich dem Chaos und dem Leid hinzugeben, und, in Ermangelung schöner Worte: Mehr als nur symbolisch zu sterben? Wie sollen die archaischen Untiefen unseres Selbst, entstanden in Jahrmillionen, überwunden werden, wenn nicht durch einen beispiellosen Gewaltakt gegen das Selbst? Ja, dies ist der Unterschied: Authentische Spiritualität besteht in der bedingungslosen Affirmation der Gewalt, wohlmeinend gegen sich selbst, zum Zwecke der Bändigung der Gewalt. *Ich bin nicht gekommen, Frieden zu senden, sondern das Schwert.* Menschliches Streben ist stetes gewaltvolles Streben, ist starkes Streben, nur Naivität kann diese Realität leugnen. Die Bewältigung des Archaischen mit den Mitteln des Archaischen ist nicht zuletzt deshalb die erste Aufgabe des Aspiranten. Das Grobe muss durchs Feuer gehen.

Wir müssen diese Vorliebe für das Sanfte und Behagliche ablegen. Evolution selbst ist selten behaglich. Sie basiert buchstäblich auf der Idee, dass Organismen und soziale Systeme genug Variationen von sich erzeugen, um im Kontext einer ungewissen, wenn nicht gefahrvollen und potenziell tödlichen Umwelt die biologischen und sozialen Informationen weiterzugeben. Geburt und Sterben sind kaum behaglich. Wäre die Nische nicht an sich feindselig, würde sich die Umwelt nie verändern, gäbe es keinen evolutionären Zwang, dass das System teils gravierende Variationen seiner selbst erzeugt in der Hoffnung, dass wenigstens eine den Anforderungen der Nische gegenüber standhalten kann. Dasselbe gilt auch für psychische Systeme, die zumindest internal Variationen von sich selbst anfertigen müssen, um nicht aus der Zeit zu fallen und optimal an ihre Umwelten angepasst zu sein. Dies erfordert, alte Wissensstrukturen über die Welt und das Selbst loslassen zu können, und auch das ist nie ein behaglicher Prozess.

Und was ist Evolution anderes als unendliche Gewalten, die unsere Welten geformt haben. Der Kampf der Geburt, Schmerz und Druck und Widerstand, das Drängen der Adoleszenz, der Schmerz des Alterns und des Sterbens, all unsere Kämpfe, Verluste und Siege, all die Quälerei und die Mühen der Welt, Tod und Leben und Tod und Leben und Tod und Leben, unendliche Komplexitäten des Schmerzes, ein Ringen durch die Zeiten hinweg, Kämpfe um Dominanz und Überleben, explodierende Sonnen und Universen, und wir hier, in dieses Chaos geworfen mit diesem simplen Verstand: Wer traut sich zu sagen, dass das Wesen des Universums nicht Gewalt ist, nicht mit Gewalt geformt wird, und nicht durch Gewalt endet? Und können wir ehrlich sagen, dass es nicht die erste ehrliche Erkenntnis spirituellen Strebens ist, dies Wesen der Natur anzuerkennen?

Stellen wir uns erneut eine Gruppe prähistorischer Menschen vor, gefangen in einem Zusammenhang *mimetischer Rivalität.* Dieser, auf René Girard zurückgehende Begriff besagt, dass wir Menschen Rollenmodelle benötigen, um unser Verhalten zu bestimmen; wir kopieren das Verhalten von anderen. Man stelle sich zwei junge Kinder vor: Eines der Kinder findet plötzlich Interesse an einem Spielzeug. Das andere Kind findet ebenso plötzlich gefallen an demselben Spielzeug, und zwar nicht des Spielzeugs willen oder was es verspricht, sondern, um das Verhalten des anderen Kindes zu kopieren. Es entsteht eine Rivalität, die sehr schnell ausarten kann. Das heißt, Bedürfnisse werden durch den Anderen ausgelöst, nicht durch das Objekt, sondern w e i l es von jemand anderem wertgeschätzt wird. Doch weil der Gewalt, wenn sie dann einmal auftritt, durch Kopie und Mimesis kein Einhalt gewährt werden kann, entsteht in den Frühkulturen immer wieder eine *Gewaltseuche,* und der einzige Ausweg aus dieser Seuche liegt darin, ein symbolisches Opfer zu finden – den Sündenbock – auf den sich alle einigen und dessen Tötung keine weitere Rachelust erzeugt und damit die Gewaltspirale endet. Girards Theorie ist so essenziell für unsere Überlegungen, dass es sich lohnt, zumindest einen etwas tieferen Blick auf sie zu werfen.

Der Sündenbock ist immer willkürlich gewählt. Kulturell entwickeln sich deshalb Mythen, also Narrative, die dann dazu dienen, dem willkürlichen Charakter der Wahl des Opfers Sinn zu verleihen. Durch den Mythos wird also der Opferung Sinn und Notwendigkeit verliehen. Für Girard liegt deshalb der Gewaltakt am Kern der mythologischen Narrative – oder allgemein: am Herzen des Heiligen. Dieser Sündenbock – wie etwa Jesus oder die Opfer der Inquisition um die Hexenprozesse im Mittelalter – akzeptiert meist sein Schicksal nicht nur ohne Widerspruch, sondern affirmiert aktiv seine Schuld – man bedenke nur die Anzahl der Selbstanzeigen während der Inquisition. Sobald das Opfer getötet ist, scheint die Gewaltseuche in der Gemeinschaft quasi ‚magisch' zu verschwinden – Beispiele dafür finden sich in den Mythologien, in der Literatur und in der Geschichte selbst. Hier ist es, wo die Religion als System entsteht: Weil der Prozess des Beendens der Gewalt sich scheinbar magisch ereignet, beginnt die Gemeinschaft oder Kultur diesen Prozess zu idealisieren und in ihrer Erinnerungen den Sündenbock als Ursache der Probleme der Gemeinschaft zu betrachten. Paradoxerweise geschieht jedoch nicht nur dies: Sobald der Prozess stabil wurde, wird er mythologisiert. Der Geopferte wird plötzlich zu einer Figur, die die Gemeinschaft letztlich vor der Zerstörung bewahrt hat. Aus diesem Grund wird die Opferung zu einer Anthropotechnik, um Gewalt in einer Gruppe durch einen Gewaltakt zu beenden. Das Opfer wurde zu einem Ersatz, damit sich die Gemeinschaft nicht zerstört. Dadurch wurde das Opfer h e i l i g.

Weil sich bald zeigte, dass diese Technik funktionierte, um das Überleben der Gemeinschaft zu sichern, wurde sie reproduziert und überdauert bis heute in unsere säkulare Zeit, in denen die Medien immer wieder einzelne Personen zu Sündenböcke für die sozial infrage stehenden Verhaltensweisen einer ganzen Gruppe von Menschen erhebt. Die Opferung des Sündenbocks hat sich bis in heutige Zeit als eine Anthropotechnik verfestigt, dass sie an sich gar keine spirituellen oder religiösen Konnotationen mehr hat, und stattdessen als eine Art Auto-Immunreaktion das entweder reale oder moralische Überleben der Gruppe sichert. Das heißt, während sich die Kulturen entwickelten, konkretisierte sich auch diese Technik. Beginnend mit der jüdischen Religion wurde zunehmend symbolische Opfer erbracht – Tiere und heilige Rituale. Das Opfer steht Girard daher am Anfang aller Religion- und Menschbildung. Sie bildet das Herz der Spiritualität und Religiosität, weil sie Gewalt anwendet, um Gewalt zu beenden. Aus diesem Grund ist das höchste Opfer freilich das Selbstopfer, jenes, welches der Spirituelle oder Religiöse erbringt, um die Gewalt in sich zum Ende zu bringen.

§ 5

Ein wesentlicher Zusammenhang muss hier hervorgehoben werden. So wie der Chaoskampf an sich immer *Wille* ist, immer aktives Streben, immer Auseinandersetzung mit dem Unbekannten und Kreation von Neuem, und wiewohl jeder Wille, sei er schwach oder stark, sei er präzis oder diffus, i m m e r die Morphologie des Chaoskampfes in sich trägt, so wird das Opfer heute letztendlich immer durch *Liebe* vollzogen und geschieht in

Hinblick auf Kommunion. Jedes wirkliche Opfer, das man erbringt, geschieht nur durch Liebe und Hingabe, ist nur Liebe. Jedes Opfer verstärkt die Liebe und schöpft aus der Liebe. Es ist Liebe und Hingabe, durch die man Zeit und Geld für seine Kinder opfert, oder für seine Karriere; es ist die christliche Liebe und Hingabe an Gott, durch die man sein Selbst opferte und sich selbst kasteite. Es ist die Liebe und Hingabe, die Passion (und manchmal Obsession), durch die man zu bestimmten Wirklichkeiten strebt, und dafür alles andere opfert.

Beides – Wille wie Liebe – sind die beiden Grundpfeiler einer jeden vitalen Spiritualität; und nicht nur dies: Sie sind ihr Ziel! Jeder, der sich auf die eine oder andere Weise, sei es tief oder oberflächlich, auf die Spiritualität einlässt, wird sich in diesem Maße auch auf die Entwicklung von Wille und Liebe einlassen. Man könnte sagen, dass diese Entwicklung mit dem Eintauchen in die Handlungsdomäne ‚Spiritualität' an sich geschieht, und dass dies ihr eigentlicher Telos sei. Und das heißt auch: Eine Verbindung zu finden zwischen diesen beiden Qualitäten, ein rechtes Maß zu finden im Alltag, nämlich Liebe durch Wille zu führen und Wille durch Liebe abzumildern.

Dies konfligiert natürlich mit dem, was heute als Spiritualität gedacht wird, hier in der Postmoderne, wo wir die Spiritualität eher mit der Liebe sowie der persönlichen Entwicklung der Liebesfähigkeit, Emphatie und Gewaltfreier Kommunikation assoziieren und weniger mit dem Willen. Das dadurch die zeitgenössische Spiritualität viel von ihrer Vitalität einbüßt, hat auch etwas mit unserer Geschichte zu tun, und der Tatsache, dass wir alles Starke, allen Willen argwöhnisch beäugen, er könne womöglich zu einer Wiederholung der deutschen Geschichte führen. Wir als Kultursensitive sind uns derzeit nicht ganz sicher, wie wir mit Wille, Stärke und Konfliktbereitschaft umgehen sollen. Der Wille als solcher hat keinen guten Stand, und mit ihm alle die Eigenschaften, die normalerweise damit einhergehen: Gewalt und Gefahr, Gewissenhaftigkeit, und damit implizit auch: Grenzen, die es zu überwinden gilt. Die postmoderne Mentalität verachtet bekanntlich alle Grenzen, sei es im Gewahrsein der Geschichte, sei es aufgrund eigener Präferenz. Für sie bedeutet Spiritualität, um ein paar dieser Attribute zu benutzen, Gemeinschaftlichkeit, passierenlassen, basiert auf Hingabe, Erdulden und Gleichmut, und auch wenn wir auf einen Blick die quasi christlichen Affirmationen darin entdecken können, so ist es eben doch auch das Starke, das dieser postmodernen Spiritualität abhandengekommen ist. Selten und ungern wird Spiritualität mit den diametral entgegengesetzten Aspekten in Verbindung gebracht: mit der Kraft des Individuums, mit Überwinden, Erzwingen, Gewalt, Wille, Zielstrebigkeit, Konzentration, absichtlicher Entwicklung.

Spiritualität, um darauf zurückzukommen, besteht jedoch immer in der Affirmation sowohl von Wille aus auch von Liebe, dem Chaoskampf und dem Selbstopfer. Der vollkommene spirituelle Akt ist insofern blutsverwandt und strukturell ähnlich dem *künstlerischen Fieber*: Bereit, das Unbekannte zu entdecken, und gleichzeitig bereit, alles dafür zu opfern. Wenn ein Aspirant daher in diesem *spirituellen Fieber* leben kann, so soll er nicht länger ein Aspirant genannt werden. Er ist jener, der von innen heraus erleuchtet wird. Doch während der Künstler das

Objekthafte in seinem Schaffen domestiziert, es zutage bringt, so ist es in den spirituellen Praxen das Geistige selbst, welches domestiziert wird, um es im nächsten Schritt erneut aufzugeben. Wir sahen schon an anderer Stelle die strukturelle Ähnlichkeit zwischen dem Künstlerischen und dem Heiligen, aber wir gewinnen langsam ein Bild, worum es der Spiritualität eigentlich geht, was ihr Ziel sei, wenn wir ihre kulturellen Masken, die sie seit Millennien getragen hat, ablegt. Chaoskampf und Opfer, die reinen Anthropotechniken des Geistes, offenbaren sich endlich in unserem Zeitalter als die wesentlichen Anthropotechniken des Spirituellen.

§ 6

So wie der Krieg, und die heiligen Kriege, zumindest über eine strukturelle Ähnlichkeit zum Chaoskampf verfügt, so findet sich auch in Bezug auf das Opfer, das mystische Selbstopfer, ein quasi grobstoffliches, strukturelles Äquivalent, nämlich der Selbstmord. In beiden Fällen kommt wie auch immer implizit der Wille zum Loslassen aller inneren, kognitiven Selbst- und Weltstrukturen zum Ausdruck, wiewohl im einen Fall mental, im anderen grobstofflich. Das eine, als Anthropotechnik, dass das Mittel zur Transformation in sich findet, indem alte kognitive Strukturen zurückgelassen werden, während das andere der fehlgeleitete Impuls ist, der anstatt zur Transformation zum realem Tod des Körpers führt. Was können wir durch eine Gegenüberstellung dieser beiden voneinander lernen? In beiden Fällen kommt die Bereitschaft zum Ausdruck, sich selbst zu opfern. Und will man das soziale Phänomen des Selbstmords verstehen, muss man die generelle Anthropotechnik verstehen, die ihm zugrunde liegt.

Der Selbstmord ist keine Rarität und kein abnormes Verhalten. Es ist Ausdruck eines Regelfalles, bei dem der Wunsch nach Wandlung, nach spirituellem Tod und Wiedergeburt, ein fehlgeleitetes Ende findet. Er ist etwas, das als Option auftaucht, sobald sich selbst bewusstes Leben auftaucht – denn es ist immer ein Option, dieses Selbst-Bewusstsein zu beenden. Das Leid zwingt uns zur Veränderung. Man könnte nun dieser *conditio humana*, nämlich dieses Geworfensein ins Leid, durch den Selbstmord entfliehen wollen. Und man könnte sogar gute Gründe dafür finden, in die Richtung von *Nihilismus* weisend. Und was spräche in letzter Instanz dagegen? *Wer* spreche dagegen? Wenn wir schon in diese Existenz mit seinen Dramen und Schicksalen geworfen sind, so lasst uns wenigsten die Weise unseres Sterbens selbst übernehmen!

Doch raubt man damit der Menschheit nicht neue Weisen, mit Leid umgehen zu lernen? Ist nicht der Selbstmord ein Verrat gegen das Leiden, und damit die Existenz selbst? Was ist Kultur in dieser Hinsicht anders als das akkumulierte Wissen, mit Leid umzugehen, ein Bollwerk gegen die Dunkelheit und das Chaos, um unser Überleben in langer Hinsicht sicherzustellen?

Und doch ist es nützlich, den Selbstmord zu verstehen, um uns in der Zeit zu verstehen. Wer ist der Selbstmörder anderes als derjenige, der sein Leben auf dem Altar der Existenz selbst zum Opfer bringt? Ist es nicht seine Stimme, die sagt: Ich kann – ich will – nicht mehr; ist dies nicht sein g e h e i m e s Begehren, zu zeigen, dass man auch am Leben scheitern *kann*, und die heroische Entscheidung deswegen trifft, den Beweis anzutreten. Sich selbst zu verleugnen im Angesicht der Erkenntnis: Dass das Scheitern eine Option ist, eine Möglichkeit, die solange in Erscheinung treten muss, solange es menschliches Leben gibt. Wir können nicht alle erfolgreich das Leid meistern, wir würden darüber die Tiefe des Abyss vergessen, der uns allen droht. In diesem Sinne erinnert uns der Selbstmörder an die Schwere unseres Seins. Und doch verweigert der Selbstmörder durch seine Selbstaufgabe sich nicht nur selbst, sondern, die Früchte seines Chaoskampfes der Kultur zu Verfügung zu stellen. Jeder Kampf ist es wert, dass er die Kultur erneuert.

§ 7

Die Antipode zum Selbstmörder ist indes der Guru. Der Guru ist der Ursprung von Gewalt und Chaos, und er ist ihre Auflösung. Um dies zu verstehen, müssen wir uns tiefergehender dieser kontroversen Figur zuwenden. Der Guru ist zunächst die historische Fortführung des Schamanen. Deshalb muss auch der Maßstab des Schamanen für den Guru oder Lehrer gelten. Bestand die Erleuchtung des Schamanen in der Verwirklichung des s t e t e n Todes und der Wiedergeburt, wurde er so zu einem Wesen, dass nicht nur über irdische Belange erhaben, sondern ebenso moralisch unfehlbar war. Dieser Standard musste dann auch für den Guru gelten. Er muss moralisch überlegen und unfehlbar sein. Vor allem aber muss er stets sterben, um erneut wiedergeboren zu werden, d.h. alte kognitive Strukturen zurücklassen, um neue formen zu können. Wie der Schamane hat der Erleuchtete eine Kunst aus Tod und Wiedergeburt gemacht. Man sei also auf der Suche nach einem Guru, man warte also sechs Monate. Ist er dann immer noch derselbe, so ziehe man lieber weiter!

Lasst uns also ein paar Worte über den Guru oder Lehrer sprechen. Häufig wird gefragt, welche Funktion ein Guru oder spiritueller Lehrer, einer alten, einer archaischen Zeit entstammend, haben kann, konfrontiert mit den Geistestechnologien der heutigen Zeit? Doch die Frage ist verdreht gestellt. Richtig wäre: Was sollte ein Guru demjenigen gegenüber wollen, der der Chaoskampf freiwillig auf sich nimmt? Warum, muss man fragen, sollte er das Wort gegen sich selbst erheben, hatte er doch den Chaoskampf und das Selbstopfer in der Einsamkeit der Wüste selbst vollzogen?

So bleibt der Guru nur denen, die mit der Spiritualität lieber spielen als zu kämpfen. Der wahre Guru ist der, der den Chaoskampf selbst gemeistert hat, und der der Gesellschaft als Sinnbild der Möglichkeit der Bewältigung des Chaos erhalten bleibt. Er mag deshalb verehrt werden! Seine Worte sind für die Ewigkeit, gesprochen, um Zeugnis zu geben. Besser wär es, wenn niemand sie hörte! Denn das Geheimnis des Chaoskampfes ist, dass ein Weg nicht zweimal gegangen werden kann. Jeder Chaoskampf gebiert aus der Konfrontation des Helden mit seinen eigenen Strukturen; jeder muss diesen Weg aufs Neue und alleine gehen! Man glaube daher nicht, man könnte auf den Wegen des Gurus erlangen, auf diesen ausgetretenen Pfaden. Die Erleuchtung findet sich nur auf dem eigenen Weg, und den zu gehen kann einem kein Guru abnehmen.

Und mehr als dies: Man sollte seine selbst-gestalterische Verantwortlichkeit nicht jemand anderem übertragen. Sie ist des Individuums, und des Individuums allein. Er ist das Privileg und die Souveränität des Individuums, sich auf seine eigene Weise mit Chaos und dem Kampf zur Ordnung auseinandersetzen zu dürfen. Es ist nicht mehr die Aufgabe des Gurus, dies für das Individuum zu tun – vielleicht war es dies noch vor zweitausend Jahren. Auch vom Standpunkt kognitiver Autopoiese: Wie nur sollte man Reife und ‚Erleuchtung' erlangen, wenn man jene tiefe Selbst-Verantwortung auslagert, deren Ausübung allein zur Verwirklichung führen kann. Es ist die Verkörperung dieser Selbst-Verantwortung über die eigenen mentalen Prozesse, die zu Wachstum und Reife führt, und nicht die implizite Hoffnung, dass der Guru dafür irgendwie die Verantwortung übernimmt.

Überhaupt: Was ist ein Guru anderes als jemand, der gewisse Aufgaben und Übungen gemeistert hat, und, wie ein Athlet der Seele, auf einer bestimmten Kompetenzhierarchie emporgestiegen ist? Sogar der Guru kann nicht dreihundert Millionen Jahre von Wettbewerbs- und Dominanzhierarchien entkommen, wie sie unsere Evolution geformt haben. Wir alle wissen fast instinktiv, *wo genau* wir einen gegebenen spirituellen Lehrer in jenem pyramidalen Schema einordnen sollen, in dem Buddha, Jesus und Laozi an der Spitze stehen. Warum sollten wir ihn – den Heiland oder den Guru – sonst emporheben und zu ihm aufblicken, wenn wir uns nicht unterhalb von ihm anordnen würden? Beweist nicht unser ehrfürchtiger Blick, dass diese Dominanzhierarchien eben existieren, so schön wir sie uns machen können? Der Guru ist deshalb notwendigerweise paradoxer Natur: Er ist doch derjenige, der die Aufgabe bewältigte, seiner Natur das egoische Dominanzstreben zu verwehren und der gerade dadurch die Dominanzhierarchie emporstieg. Er hat die egoischen Gewaltneigungen überkommen durch einen Akt vollendeter Gewalt. Er schlichtet Frieden in der Gemeinschaft, in dem er durch das Gewicht seines Wortes erzwingt, oder, der Realität ins Auge geblickt, regelmäßig Sündenböcke findet. Er ist die Verkörperung der Freiheit und stiftet doch den Schüler zur Selbstbeherrschung, Disziplin und Selbstkontrolle an. Er ist, mit einem Wort, die Paradoxie in Persona.

So hat der Guru vor allem, und wir erkannten dies schon, eine gesamtgesellschaftliche Funktion: *Nämlich zu zeigen, dass der Chaoskampf durch das perfekte Selbstopfer gewonnen werden kann.* So wie der Selbstmörder beweist, dass man an dem Leben mit seinem inhärenten Chaos und Leid scheitern, so beweist der Guru, dass man triumphieren kann. Auf einer Skala jedenfalls sind sie, der Guru wie der Selbstmörder, die beiden Antipoden. Ersterer braucht dazu keine Schutzwälle und keine Sicherheiten. Er ist selbst zu dem geworden, was er ursprünglich konfrontierte, ein im Leben Toter, so wie Jesus auferstand, und das Prinzip des Todes integrierte.

Dennoch ist der Guru, als soziales Phänomen, einige tausend Jahre alt. Diese soziale Rolle eines spirituellen Lehrers ist in einer prämodernen Zeit entstanden, als die Menschen in das mythische Zeitalter ihrer Entwicklung eintraten, einer Entwicklungsphase, in der – das muss man betonen – die Menschen noch an Geister und Mythen, Engel und Götter glaub(t)en und lange bevor Freud die bis dahin als irgendwie extern – und sei es nur als Teil der platonischen Welt reiner Ideen – begriffenen

Gestalten in die Psyche, genauer ins Unterbewusstsein des Menschen verlegte. Eros, Thanatos, Sisyphos, Ödipus und Elektra waren ja nun nur die Spitze des Eisberges mythologischer Grundformen, die mit dem beginnenden zwanzigsten Jahrhundert plötzlich als Bewusstseinsstrukturen für die Verhaltensarchitektur des Menschen verantwortlich gezeichnet wurden, an sich Gestalten, die ihre Begründung in der prähistorischen Zeit und weit vor der Achsenzeit fand. Wir verstehen sie heute als psychologische Komponenten, die wir je nach psychologischem System ‚innere Stimmen', ‚Archetypen', oder ‚Teilselbste' nennen. Aber wie wir sie auch nennen, an ihrem Dasein gibt es keine Zweifel. Denn ob wir eine erdrückend-kritische Mutterstimme, die ein Junge womöglich sein ganzes Leben mit sich herumträgt und ihm jeden Selbstwert nehmen kann, nun ‚Kali' nennen oder nicht, spielt nicht wirklich eine Rolle, denn die Erfahrungswirklichkeit ist dieselbe.

Die Figur des Gurus zeichnet sich dabei vor allem dadurch aus, dass er aus einer ‚höheren' (entwicklungsmäßigen) Position heraus handelt, oder handeln soll, um den Menschen oder Aspiranten den Weg zur Erleuchtung, Vervollkommnung, oder einfach Gott zu ermöglichen. In der Praxis und im Gesamtzusammenhang ist dies allerdings nur selten der Fall; viel häufiger übernehmen, geschichtlich betrachtet, Psycho- und Soziopathen diese Rolle, ohne über einen wie auch immer gearteten Entwicklungsvorsprung zu verfügen. Der *authentische* Guru oder Lehrer ist, zieht man statistische Verteilungsmodelle zu Rate, wahrscheinlich eher die Ausnahme, vergleichbar mit den wenigen Milliardären an der Spitze der kapitalistischen Pyramide oder dem gelegentlichen

Lottogewinner. Wie dem aber auch sei, im besten Fall war der Guru für den Aspiranten ein Mittler zwischen Heiligem und Profanen und Ermöglicher von Potenzialen. Er stellt auf die Probe und ermöglicht Wachstum. Er legt Potenziale frei. Er – der Guru – steht zwischen Gott und Mensch. Er ist der Bodhisattwa, der – nimmt man die exoterische Fassung, zwar schon ‚gestorben' – meint: Sein Ego ist gestorben –, aber noch nicht ins Nirwana eingetreten ist.

So oder so, die Figur des Guru ist eine problematische, und zwar nicht nur wegen sozialer und persönlicher Grenzüberschreitungen, die medial immer wieder diskutiert werden. Vielmehr muss das Konzept des Gurus selbst infrage gestellt werden, gerade weil er aus einer Kulturzeit entstammt, in dem die Technologien des Geistes und der Psychologie bei weitem nicht so fortschrittlich waren wie heute. Wir verfügen heute über weit aus effizientere Geistestechnologien, die dieselbe Funktion erfüllen wie der Guru, und ihn damit auf ähnliche Weise obsolet machen wie die ursprünglichen Druckpressen von Gutenberg.

Eine solche Technologie findet sich z.B. in der zunächst von C.G. Jung, später dann von James Hillman, John Grinder und vielen anderen Psychologen konzeptualisierten Form des *Selbst*, welches das erlebende Ego und Bewusstsein durch seine Transformationen führt; also etwas, was man in prärationalen Zeiten dem Guru überantwortet hat. Dieser ‚Archetyp' – gewissermaßen eine Verinnerlichung der nach außen projizierten Figur des Gurus – ist das vervollkommnete, paradoxerweise aber noch nicht verkörperte Selbst, welches als Potential besteht und das Individuum anregt, sich selbst zu verwirklichen. Gleichzeitig steht es als Vermittler und Führer zwischen dem Heiligen und dem Profanen. Wir finden diese Figur – und zwar in externalisierter Form – schon im römischen Denken, und zwar als den *Genius*, der als Schutzgott zwischen Mensch und Gott stand und sein Schicksal lenkte. Bei den Griechen war es der *Daimon*, der eben als Mittler und Ermöglicher diente, und, wie der Genius auch, den Menschen mit bestimmten Gaben, Neigungen, Talenten und Berufungen auf dem Weg der Reifung und des Wachstums ausstattete. Im Islam finden wir den *Mu'aqqibat*, der, wie der christliche Schutzengel, über das Schicksal des Menschen wacht, und zwischen göttlichen und menschlichen Walten hin- und her vermittelt. Gerade im Christentum finden sich in der Bibel ausreichend Hinweise auf diese Figur. Dasselbe gilt für den Zoroastrismus, wo die entsprechende Figur *Arda Fravaš* heißt. Es ist, mit anderen Worten, derselbe Archetypus, der in allen Kulturen auftritt. Es ist eine Figur, die das Individuum nicht nur vor bestimmten Dingen schützt, sondern ihn auch durch Transformationen führt, und ihn mit *bestimmten Talenten ausstattet, um diese Transformationen erfolgreich zu bewältigen.* Gleichzeitig stellt diese Figur das Individuum vor Prüfungen und ermöglicht ihm, seine Potentiale und Talente zu entdecken.

Wie der Guru vermitteln diese mythologischen Figuren zwischen der Ebene des Irdischen und des Göttlichen. Die Psychologie hat diese zugegebenermaßen höchst komplexe Figur wieder zurück in die Psyche überführt und nannte es das Selbst, jedoch als etwas, das entdeckt werden kann. Es ist ein Archetyp, der über die Millennien immer wieder beschrieben wurde, als etwas, das man in sich erschließen oder zu dem man Zugang bekommen kann, und zwar auf ähnliche Weise, wie man heute auch einen Zugang zu seinem ‚inneren Kind' oder seinem ‚kritischen Eltern-Ich' bekommen kann.

Dieses daimonische Selbst führt den Einzelnen also durch die Transformationen, und wir leben heute in einer Zeit, in der wir uns diese psychologische Entität nutzbar machen können – ‚Entität' in dem Sinne, in dem man auch das ‚innere Kind' oder eben den ‚inneren Kritiker' als Entität oder ‚innere Stimme' betrachten kann. Das heißt, die Gestalt des Gurus war möglicherweise in einer vor-modernen Zeit nützlich, als es noch kein tieferes Verständnis der Psyche und des Bewusstseins gab – obwohl zugegebenermaßen auch heute noch nicht klar ist, wie so ein Selbst, welches wir selbst in der Zukunft sind, oder sein können, über das Potential verfügt, sich in uns in der Gegenwart zu offenbaren. Es war auch ein Rätsel, was Platon, Schopenhauer und viele andere Philosophen umtrieb, eine seltsame Erfahrungswirklichkeit, deren Existenz wir kaum leugnen können. Ich würde vermuten, dass die Gestalt des Daimons eines der schwierigsten und komplexesten Probleme der Philosophie des Geistes, der Psychologie und der Spiritualität darstellt, gerade weil seine Natur zur Hälfte im Numinosen verborgen liegt.

Heute jedenfalls müssen wir jedenfalls die psychologischen Prozesse kennen und nutzen, um erfolgreich durch unsere Transformationen zu gehen. Wir müssen – um zu einer reifen Spiritualität zu kommen – womöglich dafür die Gestalt des Gurus opfern. Wenn es nämlich eine virulente Erkrankung in der zeitgenössischen Spiritualität gibt, so ist es immer noch der Glaube, dass der spirituelle Lehrer irgendwie beim Chaoskampf oder dem Selbstopfer helfen kann.

§ 8

Berechtigterweise wird die lange Meditation als die geeignete Technik verstanden, nicht nur um Resilienz gegenüber dem Chaos zu erhöhen, sondern auch die Bereitschaft zum Selbstopfer zu erzwingen. Nach und nach können bei ausreichendem Willen die Schalen der Persönlichkeit und die autopoietischen, selbsterzeugten Operationen, durch die sich das Ego und das Selbstgefühl aktualisiert, abfallen, bedingt durch die Faktoren Konzentration, Zeit, Schmerz und Deprivation. Die Psyche, gefangen in den Zirkeln ihrer eigenen Selbstaktualisierung, wird damit gezwungen, jene internen Verhaltens-Programme zu lösen, die zwar im Umgang mit der alltäglichen Welt funktional sein mögen, für die Auseinandersetzung mit Schmerz und Deprivation zunächst kaum passende Ansätze bereitstellt. Die Aspekte des Selbst, die normalerweise mit den alltäglichen Anforderungen interagieren, finden keine Beschäftigung mehr. Gerade in der langen Meditation werden dadurch Ressourcen frei, die gebunden werden müssen, denn die Prozesse der Autopoiese dauern an. Dies erzeugt indes eine Spannung, da diese geistigen Ressourcen nicht durch alltägliche Verhaltensweisen gebunden werden. Was ungebunden und unstrukturiert ist, erscheint dem Beobachter als Chaos. Und umso länger die Meditation währt, umso mehr steigt die Intensität an. Die einzige Lösung, die Schmerzen und das ungebundene Chaos zu binden, ist die Aufgabe dessen, was bis zu dem Zeitpunkt versuchte, dem Schmerz und dem Chaos zu widerstehen, sprich: dem erfahrenden Ich an sich. Meditation besteht im Wesentlichen darin – wenn man seine kulturelle Iterationen und Variationen wegnimmt und auf ihren Kern schaut – dieses Selbstopfer zu erzwingen, nämlich jenen Teil aufzugeben, der dem Schmerz und der Deprivation widerstehen will und der sich in dem Streben nach Bedeutung, nach Identität und dem Verständnis von Selbst und Welt bedroht sieht. Eine zwischenzeitliche Erkenntnis taucht auf: Es ‚ist niemand zu Hause', Identität und Selbstgefühl sind eine Illusion, die durch ein Netzwerk von kognitiven Gewohnheiten und Operationen erzeugt werden. Eine weitere Erkenntnis: Das, was dann verbleibt, nachdem die Selbstidentifikation durch Bedeutung und Erinnerung dekonstruiert wird, ist ein irgendwie *formloser Zeuge*, der wie ein Oberton von den autopoietischen Regelprozessen seltsam befreit ist, und diese doch beobachten kann.

Diese Loslösung vom Selbst wird nicht selten als sowohl Einheits- als auch Ekstase-Erfahrung beschrieben – *Samadhi* im hinduistischen Kontext – indem nicht nur die Grenzen zwischen Selbst, Welt und Chaos wegfallen. Besonders die Trennung von, und Grenzziehung zwischen, Selbst und Welt ist hier von Bedeutung, denn es wurde mittlerweile von Entwicklungspsychologen gezeigt, dass diese Grenze relativ früh im Verlaufe der Entwicklung der Psyche im Säuglingsalter erzeugt wird. Es ist also eine Grenze, die gewissermaßen ‚innerhalb' der Psyche selbst erzeugt wird – und zwar als Repräsentation der physischen Grenze des Organismus zu seiner Umwelt. Die Grenze ist eine symbolische Repräsentation der physiologischen Grenze zur Welt, und als solche kann sie auch wieder dekonstruiert werden. Es ist dies einer der am wenigsten verstandenen Aspekte der Meditation, dass das Erlangen jener sublimen Zustände wie etwa Samadhi eben nicht nur ‚trans-personal' ist, sondern ein tiefes Abtauchen in die präpersonalen Bereiche der Psyche erfordert, und hier eine Art Symbiose des Höchsten und Niedersten möglich macht. Ohne eine strukturelle Dekonstruktion der Grenzziehung oder Unterscheidungen zwischen Innerlichkeit und Äußerlichkeit, zwischen Ich und Welt können transpersonale Zustände nicht entstehen. Wie, muss man fragen, sollte man auch eine Form von ozeanischer Henosis erfahren, wenn die präpersonalen Erfahrungen der ozeanischen Einheit mit der Mutter im Mutterbauch – bevor irgendwelche kognitiven Grenzziehungen vollzogen wurden – nicht reaktiviert wurden. Doch um solche kognitiven Unterscheidungen zu dekonstruieren benötigt man eine komplexe Bewusstheit der sich selbst aktualisierenden Operationen der Psyche selbst; daher: Synthese aus höchsten und niedersten Ebenen der Psyche.

Hier zeigt sich, warum sich die Meditation langfristig als Technik bewährt hat, den Binnenraum des Psychischen zu durchschreiten. Da einem Beobachter Chaos und Krise in jedem Fall nur als psychologische Komponenten erscheinen, – denn was für den einen eine Krise auslöst oder diese konstituiert, tut es nicht notwendigerweise für einen anderen –, nimmt die Konfrontation mit dem Chaos dem Beobachter während der Meditation jede Gefahr, die die Zukunft bringen kann. In einer prärationalen, animistischen Sprache der Schamanen könnte man sagen: Man wird unverletzlich, unsterblich, denn er hat sich gegen das Chaos immunisiert, indem er es in sich aufnahm. Der andere Effekt ist, dass durch das trainierte Selbstopfer die Fähigkeit erlangt wird, auch im Alltag alte Verhaltensweisen aufgeben und neue Verhaltensweisen formen zu können, sofern sich die Umgebung verändert. Das ist natürlich ein ganz gravierender evolutionärer Vorteil, weil damit die darwinschen Prinzipien der Evolution – Reproduktion, Variation und Selektion – in der Domäne des Geistes selbst reproduziert und inszeniert werden können. Man kann gewissermaßen Variationen von sich anfertigen, andere reproduzieren, und wieder andere auflösen, wenn es der Wille und die Nische erfordern.

Im Übrigen gilt für die Meditation, was für alle wahren mystischen, schamanischen, religiösen und spirituellen Techniken gilt, nämlich dass sie ihre Potenziale entweder durch vollständige H i n g a b e – also das Selbstopfer – entfalten können, oder, wie schon gezeigt, den Chaoskampf. Was die erstere Technik angeht, das Selbstopfer, finden wir historisch beispielsweise den christlichen Imperativ, alle unabhängig ihrer Charaktereigenschaften zu lieben oder auch die absolute Hingabe an den Heiligen Geist, wie auch in den östlichen Yogas wie Bhakti-Yoga (Erleuchtung durch Liebe und Hingabe) und Karma-Yoga (Erleuchtung durch selbstlose Arbeit). Wie der dritte Zen-Patriarch sagte „Selbst an der Idee der Erleuchtung zu haften bedeutet, in die Irre zu gehen", und drückte damit aus, dass der Wunsch zur Erleuchtung selbst geopfert werden muss, um zu erleuchten – eines der interessanteren Paradoxe der Spiritualität.

Was letztere Technik angeht, den Chaoskampf, finden wir sie ausgedrückt im Raja-Yoga (Erleuchtung durch

Konzentration) oder im Wesentlichen in jedem wahren Initiationsritus. Mircea Eliade beschrieb detailliert diese Riten, etwa wenn der schamanische Aspirant seinen Arm in ein dunkles Baumloch stecken und warten muss, bis sich eine Schlange um seinen Arm gewickelt hat – der Symbolismus ist deutlich. Der Aspirant muss seinen Arm in Unbekannte (das Chaos) stecken und die Drachen-Schlange integrieren. Dasselbe gilt auch für alle Initiationen, besonders auch die westlich-okkulten Initiationen, in denen der Aspirant gezwungen wird, sich mit dem angerufenen Chaos auseinanderzusetzen und Ordnung zu formen.

Der zeitgenössische Praktikant der Spiritualität weiß um diese Zusammenhänge, wenn er bereit ist, Fleisch, Luxus oder sogar seine sexuellen Impulse auf dem Weg der Transformation zu opfern. Doch all diese Opfer sind von minderer Qualität als das, über das wir hier im Allgemeinen sprechen.

Erich Neumann erkannte übrigens diesen Zusammenhang in seiner Archetypenlehre, in der er unterschiedliche Aspekte und Typen des Weiblichen voneinander trennen konnte. Eine von diesen Typen, nämlich die große Göttin als archetypische Hure, verweist auf exakt diesen Zusammenhang, denn sie ist gewillt, *jeden aufzunehmen*, der bereit ist, sich im Kontext des Rituals oder der Meditation vollends hinzugeben. Wir finden diesen Archetyp auch in der Bibel in der ambivalenten Figur der Prostituierten, die in vielen Fällen als Symbol für Gastfreundschaft benutzt wird. Man denke an die Geschichte Jerichos, wo Rahab zwei israelitischen Spionen Zuflucht gewährt und so zu einem Symbol der Tugend wird. Denn in einem eher buchstäblichen Sinne ist die Prostituierte gastfreundschaftlich oder auch für jeden ‚offen', ohne zu richten. Sie macht keine Unterschiede, und ist in dieser Hinsicht ein Vorbild dafür, was spirituelles Erlangen zumindest was die Technik des Opfers angeht bedeuten kann: Nicht zu richten, nicht zu unterscheiden, *‚offen' zu sein für andere und besonders dafür, was die Zukunft bringt*; nicht zwischen guten und schlechten Ereignissen zu unterscheiden, eine radikale Offenheit zu verkörpern, die jedes Urteil transzendiert. Spirituelle Erlangung heißt auch immer ‚Offenheit', doch um anderen Menschen oder der Zukunft selbst gegenüber ‚offen' zu sein müssen wir unsere egoischen Vorurteile und Meinungen zurücklassen. Dasselbe gilt ja für die Tugend, für andere etwas zu tun, sich aufzuopfern, sich zurückzustellen. Auch im entwicklungspsychologischen Kontext heißt Reifung ja, narzisstische und egoische Tendenzen zu transzendieren. Wir müssen sie opfern, um uns weiterzuentwickeln. Es wurde schon häufig darauf hingewiesen, dass jede Form von ozeanischer Einheit oder auch das Chaos durch bestimmte femininen Archetypen repräsentiert wird, und wir wollen nicht ins Detail gehen in Bezug auf die Stigmatisierungs-Probleme, die entstehen, wenn eine Gesellschaft nur den engelsgleichen, puritanischen Archetyp vom Typus der Mutter Maria favorisiert, während sie sich verweigert, die Tugenden des Huren-Archetyps anzuerkennen (wie etwa Gastfreundschaft und Offenheit). Solche Archetypen sind ewig, und es gibt keine Hierarchie zwischen diesen unterschiedlichen Typen, sondern nur unterschiedliche Variationen und Iterationen des Femininen.

§ 9

Man könnte nun fragen, was der G r u n d meiner bisherigen Argumentation sei. Da ich weder anthropologisch noch religionswissenschaftlich überlege, könnte der Fokus, den ich in Bezug auf Spiritualität auf den Chaoskampf und das Selbstopfer lege, arbiträr wirken. Woraus sei zu schließen, dass diese beiden Anthropotechniken die Einzigen oder zumindest die Wesentlichen für die Spiritualität sind? Sind nicht andere denkbar?

Wir sahen, dass sich diese beiden Anthropotechniken – der Chaoskampf und das Opfer – aus unserer ursprünglichen Konfrontation mit der Zukunft entwickelten, und damit auch unmittelbar aus dem Versuch, dem Leid etwas entgegenzusetzen. Mit der Erfindung der Zukunft entsteht Bewusstsein, entsteht Leid als erfahrbare Kategorie, und es entsteht der Versuch, Leid zu überwinden, indem das Bewusstsein sich selbst und dem Mysterium seines Da-Seins zuwendet. In dieser Hinsicht sind diese beiden Anthropotechniken Leid-Bewältigungsstrategien, wobei sie gewissermaßen zwei unterschiedliche Ansatzpunkte oder Strategien verwenden. Die eine – ‚maskuline' – Anthropotechnik dient der steten Auseinandersetzung mit dem Chaos, um ihm immer wieder neue Formen von Selbst und Welt abzuringen und immer komplexere Selbst- und Weltstrukturen aufzubauen. In psychologischer Hinsicht kann das etwa der stete Versuch sein, neue Fähigkeiten auszubilden, neue Dinge und Fertigkeiten zu erlernen, neue Perspektiven und Handlungsstrategien zu bilden. Wir werden uns im dritten Teil diesem Aspekt konkreter zuwenden.

Die andere – ‚feminine' – Anthropotechnik besteht im Wesentlichen darin, die Welt der Form zu transzendieren, die gekannten Strukturen – zu denen auch das sogenannte Ego und das Selbst sowie die Vorstellungen, wie Selbst und Welt sind und sein sollen, gehören kann – aufzugeben, um in das Chaos bzw. die Leere einzugehen. Hier wird das Selbst und die Welt der Formen transzendiert, um zu jenen Zuständen zu kommen, die die Traditionen wahlweise Moksha, Samadhi, Erleuchtung, Henosis, Kenosis et cetera nennen. Und obwohl es wie erwähnt graduelle Unterschiede zwischen diesen Konzeptionen gibt, verbindet diese Zustände eben doch mehr, als das sie trennt.

Beide Strategien, diese beiden grundlegenden Techniken des spirituellen Lebens, greifen ineinander und sind nur miteinander möglich. Das Selbst (aufzu-)opfern ist nur durch das maskuline Agens möglich, das Chaos zu konfrontieren. Und um dies in der Tat zu bewerkstelligen, ist absolute Hingabe vonnöten.

Wenn wir darüber hinaus Spiritualität als etwas verstehen wollen, das über *Telos* verfügt, dann muss es auch zielführende Verhaltensweisen geben, die diesen Telos verwirklichen; dasselbe gilt ja für die Wissenschaft, die sich über die wissenschaftliche Methode definiert, um Wahrheit und Falschheit zu erzeugen, wie auch für Kunst, die sich nur und vor allem am Kunstwerk messen lassen muss. Wir definieren Spiritualität also als Handlungssystem, und als solches aktualisiert es sich weniger über Kommunikation und Idee, sondern eben über das konkrete Handeln. Ein Künstler muss Kunst schaffen um sich selbst als Künstler zu verstehen, ein Wissenschaftler muss die wissenschaftliche Methode anwenden, um Teil des Systems Wissenschaft zu sein. Spirituell ist, wer spirituell handelt bzw. die ‚spirituelle Methode' anwendet, d.h. die Kombination von Chaoskampf und Selbstopfer.

Aus dieser Sicht basiert jede spirituelle Praxis und jede spirituelle Technik auf dem ursprünglichen Versuch des Geistes, die Erfahrung des Chaos zu verarbeiten. Während sich diese einzelnen Techniken auch historisch, kulturell und geografisch entwickelten unterscheiden, so bleiben Chaoskampf und Selbstopfer doch die grundlegenden ‚ewigen' Strategien, die ihnen zugrunde liegen und durch die sie überhaupt möglich wurden. Mit anderen Worten: Jede spirituelle Technik, jede spirituelle Handlung, ist genau dann erfolgreich, wenn in ihr diese zwei Prinzipien angewendet werden und zum Ausdruck kommen. Man kann sich, auch vermittels einer Technik, nicht weiterentwickeln, wenn man nicht bereit ist, die Bereiche des Bequemen und Bekannten zu verlassen, um neue Erfahrungen zu machen; sowie andererseits, wenn man nicht bereit ist, dafür gewisse Opfer zu erbringen, Dinge, die einem sonst wichtig sind, oder Zeit, die man auch anders strukturieren könnte. Dies ist es schließlich, wodurch wir Erfolg und das Neue definieren, nämlich in dem wir die Bereiche verlassen, die uns bekannt sind.

Im Übrigen muss jede spirituelle Technik scheitern – oder wird ihr volles Potenzial nicht entfalten können – wenn man sich nicht, um es mal so zu sagen, konzentriert und dabei selbst aufopfert, wenn man nicht bereit ist, an seine Grenzen zu gehen (also wo das Chaos liegt), und dafür alles andere aufzugeben. (Dies gilt im Übrigen für alle Unternehmungen) Es spielt dabei keine Rolle, ob wir über Meditation, Pranayama, die fünf unterschiedlichen

Yoga-Wege, Zen oder christliches Gebet sprechen – oder, was das angeht, über die profansten irdischen Unternehmungen. Was zählt, ist nicht, w a s gemacht wird, welche Technik im Einzelnen angewendet wird, sondern w i e sie angewendet wird. Man könnte sogar argumentieren, dass selbst die persönliche Affinität zu einer bestimmten spirituellen Technik keine Rolle spielt, solange die Anthropotechniken an sich richtig ausgeführt werden.

Ein Aspirant mag Jahrzehnte meditieren und niemals an den Punkt der wirklichen Selbsttranszendenz kommen, einfach, weil er nicht bereit ist – wie man es heutzutage sagt –, seine Komfortzone zu verlassen. Diese Zusammenhänge sind psychologisch mittlerweile evident und haben zu solchen faszinierenden Konzeption wie *Flow* geführt, in denen eine transzendente Einheit durch Vorwärtsstreben erzeugt wird und dabei vollkommene kognitive Ordnung erzeugt. Die vollendete Meditation wird in einem Zustand von Flow ausgeübt, selbstvergessen, selbstaufopfernd, neue Bereiche erobernd und gleichzeitig einen Zustand innerer Harmonie erzeugend.

Wir können jetzt mutmaßen, dass das Programm der Spiritualität darin besteht, den Einzelnen gegenüber dem Chaos, Leid und Katastrophe zu *immunisieren* und dabei die angemessenen Techniken bereitstellen, dies zu tun. Wenn wir auf die Geschichte der mystischen, spirituellen und religiösen Unternehmungen und Traditionen blicken, oder, um genauer zu sein, die unterschiedlichen Entwicklungsstufen, die wir als Kultur und als Einzelne durchschritten haben, so können wir erkennen wie der Prozess der Internalisierung zu einem immer tieferen

Verständnis unserer Natur geführt hat, während es gleichermaßen unsere Vision für die Zukunft aufklärt. Wir wissen heute, dass die alten Götter in Wirklichkeit psychologische Strukturen sind, die wir nach außen projiziert haben; wir wissen, dass mythische Vorstellungen wie Reinkarnation Ausdruck von gewissen psychologischen Wahrheiten und Architekturen sind, die in jedem Moment in unserem Leben ihren Ausdruck finden; wir sind nicht länger in einen naiven Realismus gefangen, sondern wissen, dass unsere subjektive Wirklichkeit durch neurologische, soziale und psychologische Faktoren bestimmt werden; wir wissen, dass die einfache Ausübung von bestimmten ‚spirituellen' Praktiken zu gar nichts führt, wenn sie nicht im Geiste des Chaoskampfes und des Selbstopfers ausgeführt werden. Wir können auch mutmaßen, dass jede tägliche Praxis, sei es die, das Haus aufzuräumen, den Garten zu pflegen oder die Spülmaschine auszuräumen, zu einer spirituellen Praxis werden kann, wenn die zwei grundlegenden Anthropotechniken in ihnen zum Ausdruck kommen.

Wenn zeitgenössische Spiritualität und New Age aus der Befreiung von gewissen Praxen von religiösen Dogma und der religiösen Weltsicht bestand – da wir z.B. Beten können, ohne uns notwendigerweise als Christ zu identifizieren oder die prämoderne Weltsicht des Christentums zu teilen – können wir vorschlagen, dass eine authentische Spiritualität *nach* der zeitgenössischen Spiritualität in einer Befreiung von gewissen kognitiven, anthropotechnischen Prozessen von dem Dogma bestimmter spirituellen Praktiken besteht. Wir werden im dritten Teil einige Argumente dafür präsentieren. Wir brauchen keine esoterische Weltsicht, um zu verstehen, dass am Kern der Spiritualität gewisse Anthropotechniken liegen, die uns in der Vergangenheit zu einem großen Ausmaß mitgeformt haben; und das wir diese psychologischen Verfahren und Technologien nutzen können, um uns mit *unserer* Zukunft auseinanderzusetzen. Nicht die Zukunft der Alten, oder der New-Ager, sondern unsere. Die Lösungen, die die zeitgenössische Spiritualität bot, war angemessen für die Zeit, in der sie entstand, doch die Vergangenheit hatte andere Probleme und eine andere Zukunft als wir heute. Um die heutigen Probleme zu lösen braucht es neue Technologien.

Wenn das Programm der Spiritualität in der Immunisierung vor dem Chaos besteht, so muss jedes Individuum und jede Kultur und jede Kulturzeit mit dem Chaos auf seine eigene Weise umgehen. Die Methoden, dies zu tun, verändern sich mit den Problemen, denen wir gegenüberstehen. Technologien und Weltsichten, die in der Vergangenheit nützlich waren, funktionieren nicht notwendigerweise auch heute auch. Darum muss sich unser Ansatz ändern, und unsere Methoden. Ich werde im dritten Teil zeigen, wie die Pathologien der zeitgenössischen ‚postmodernen' Spiritualität uns tatsächlich daran hindern, uns mit den Entwicklungsproblemen heute angemessen auseinanderzusetzen.

III. TRANSZENDENZERHELLUNG

§ 1

Was Spiritualität ist oder nicht, und wie wir sie begreifen, hängt offenbar auch von der Kulturzeit ab, im Kontext derer wie sie betrachten, sei es in ihrer prämodernen, modernen oder postmodernen Variante. In der einen oder anderen Form hat die Spiritualität – also das Erkunden und Erweitern der Bedingungen des Bewusstseins selbst – die Menschen während ihrer gesamten Geschichte begleitet, hat den Menschen zu sich selbst geführt, hat dabei nach und nach all ihre Kleider und Hüllen abgestreift, bis ihre eigentliche Natur zum Ausdruck kam.

Das, was die Eremiten, Asketen und spirituellen Helden dabei stets dem Chaos abrangen, fand Eingang in die Kultur, ebenso wie seltsamen Techniken und Praktiken, die ehemals nur ausgewählten Wenigen vorbehalten waren, nun mehr oder weniger allgemein zugänglich sind. Was Sri Aurobindo beispielsweise dem tiefen Abyss des menschlichen Geistes entrang, ist mittlerweile auch Gegenstand wissenschaftlicher Studien, und das, was die Psychologie heute ohne die Hochseiltänze der spirituellen Helden ausmachen würde, wäre kaum der Rede wert: Ihr gesamter Untersuchungsgegenstand bricht ohne das Millennien alte Projekt spirituell-religiöser Erfahrung vollkommen in sich zusammen.

Es wäre in dieser Hinsicht auch eine genauere Untersuchung wert, inwieweit die kulturellen und psychologischen Entwicklungsstufen und Epochen ihren Ausdruck fanden in den spirituellen Unternehmungen ihrer Zeit, das Auftauchen des Bewusstseins selbst zu erkennen und seine Möglichkeiten auszuloten: Und wie die intimen Verbindung sind, durch die sich der prähistorische Geist in den schamanischen Kulten und Riten ausdrückte, der vormoderne Geist dann seinen spirituellen Ausdruck in den Mythen und Religionen fand, der moderne Geist sich, aus der Alchemie hervortretend, dem Naturmystizismus, Okkultismus und Hermetizismus zuwandte, gänzlich beeindruckt durch die Möglichkeit der Wissenschaft, und in welcher Form sich darauf, mit der Kulturwende, die die Postmoderne kennzeichnete, schließlich eine pluralen Spiritualität entwickelte, im Prinzip die Einsichten aus allen Epochen schätzend. Da ist ein Geist, der sich durch die Äonen bewegt, und obwohl wir schon einiges getan haben, ihn einzufangen, sind wir noch nicht am Ende angelangt.

Wenn ich also frage, was die Spiritualität ist, und wie wir uns im Angesichte des Komplexitätsdruckes der Zukunft, des Chaos und des Leides, verhalten sollen, wenn ich frage, wie sich alle unsere bisherigen Überlegungen in der Spiritualität heute niederschlagen, dann müssen wir nach einem umfassenden Argument und einer ebensolchen Perspektive Ausschau halten. Wir dürfen nicht aus einer Mentalität der Schwäche heraus und mit vagen Argumenten sprechen oder in der Spiritualität lediglich ein Agens oder eine Ausdrucks- und Steigerungsform der Liebe und ihrer Opferbereitschaft sehen. Was, also, können wir über eine Spiritualität sagen, die den *Transzendenzwillen* des Menschen integriert, seine Passion, sein Streben nach mehr? Was können wir über die evolutionäre Natur der Spiritualität sagen? Wollen wir darüber sprechen, müssen wir allerdings den Widerstand adressieren, der dem starken Willen entgegenschlägt.

Denn die Postmoderne mit ihrer Opfer-Mentalität – Nietzsche würde wohl sagen: Sklaven-Mentalität! – hat eine angeborenes Ressentiment gegen alles Starke. Um aber zu einem fundierten Werturteil zu kommen, müssen wir dieses Ressentiment adressieren.

Spiritualität, wie sie sich durch die Zeiten tradiert hat, wie sie immer wieder die Kultur zu neuen kulturellen Formen angeregt hat, verfügt über einen evolutionären Telos, durch den sie über die Millennien kulturelle Formen erzeugt und tradiert, die zur Mensch- und Kulturbildung beitragen. Ich sage absichtlich evolutionär, denn ich denke, dass die Spiritualität – wie jedes soziale System – Variationen von sich in der Zeit erzeugt, um den Anforderungen ihrer Umwelt – das heißt von Kultur und Bewusstsein – standhalten zu können. Warum, muss man sich fragen, sollte Religion sich überhaupt so grundsätzlich und umfassend durchgesetzt haben, wenn sie nicht der damals vorherrschenden Kultur- und Bewusstseinszeit passende Anforderungen gegenüber gestellt hätte?

Spiritualität, und das muss mit allem Nachdruck gesagt werden, hat primär nichts zu tun mit Happiness, Glück, Gemeinschaftlichkeit, Mythen, Transpersonaler Psychologie, Achtsamkeit, Alchemie, I-Ging, Tarot, Gott, Göttern, Geistern, Hinduismus, Buddhismus, Christentum, Energien, Reiki, New Age, Esoterik, Ritualen, Veganismus, Yoga, Heilung, im Hier-und-Jetzt Sein oder Empathie. Dies sind sekundäre kulturelle Ausdrucksformen eines viel tiefer liegenden spirituellen ‚Quellcodes', und Variationen in der Zeit, die von Ort und Kultur abhängen, in denen sie geformt werden, und die dem einem *Telos* entspringen, dem wir hier nachstellen. Sie sind auch

Zugangsformen, um sich einer wahren Spiritualität annähern zu können. Denn da ist ein Kern, aus dem diese Formen entspringen wie aus einer reiner Quelle.

Spiritualität, das sahen wir, dreht sich auch immer darum, die feine Linie zwischen Ordnung und Chaos wandeln, heißt in einem Wort: angemessen Handeln zu können. Dies ist die Quelle, auf die wir zugehen können. Dies ist nicht notwendigerweise angenehm, im Gegenteil. Es ist die Affirmation von Stärke und bewusst angewandter Gewalt, die nötig ist, die bekannten Bereich der Kognition verlassen und das Chaos aushalten zu können. Aggression – *aggressio*, sich auf etwas zubewegen – ist selten angenehm. Dies ist nichts für schwache Geister. Wäre es was für solche, wären wir alle erleuchtet. Es geht uns darum: Wie kann die psychische Komplexität selbst gemeistert und umgesetzt werden? Wenn sich uns der Chaosdrache in den Weg stellt – und sei es mit unerwarteten negativen Ereignissen, die unser Weltbild in größeren wie kleineren Aspekten zum Wanken bringen – wie sollen wir dann handeln?

Meditation, wir sahen dies, wird dann zu einer kulturell tradierten Praxis und Zugangsform zur Spiritualität, wenn in ihr dieses Handeln zwischen Ordnung und Chaos zum Ausdruck kommen kann. Nicht umsonst legten die frühen Autoren den Schwerpunkt auf Konzentration, auf Bändigung des profanen Denkens, hin und herspringend und immer an der Oberfläche verweilend. Dieses Denken bändigen zu können ist eine wahre Herkulesaufgabe, und wird nur von Einzelnen in Äonen gemeistert. Meditation aber, die sich aufs Wohlfühlen und Entspannung konzentriert, ist eine Verwässerung, die mit eigentlicher Spiritualität nichts oder nur noch wenig zu tun hat. Sie gewinnt möglicherweise ihre Legitimation durch andere Quellen – dem Arbeitsmarkt etwa – ist aber selbst keine Hochseilaktion mehr. Meditation selbst ist – wenn richtig durchgeführt – selten angenehm.

Was, schlussendlich, wenn die Spiritualität wie ein piaget´scher Traum ist, den wir erst jetzt zu verstehen beginnen, wo alle kulturelle Kleider und Masken abfallen können? Wir erkennen nun, was sie in Wirklichkeit ist. Es mag als ein Schreck kommen, doch die Wahrheit vermag uns einmal mehr zu befreien. Vielleicht vermögen wir ihr heiliges Wasser zu trinken. Wenn wir also Spiritualität als solches verstehen wollen, müssen wir verstehen, durch welche Iteration die Spiritualität zuletzt – in der Postmoderne – gegangen ist. So erhalten wir ein klareres Bild. Denn dies ist die gegenwärtige Maske der Spiritualität, in und mit der wir leben, und durch deren Überwindung und Transzendierung wir uns befreien können. Spiritualität, wie wir sie heute verstehen, ist gefärbt durch den Geist der Postmoderne, und wollen wir sie davon befreien, wollen wir sie erlösen und uns der reinen, essenziellen Quelle nähern, müssen wir die Geister der Gegenwart vertreiben. Lasst uns also einen Blick auf die Postmoderne, und einen Blick auf das Wesen der Spiritualität heute werfen.

§ 2

Was also ist die Postmoderne, dieses siebenköpfige Biest? Ist es eine Philosophie, eine literarische Erkenntnis, eine Weltsicht, eine kulturelle wie psychologische

Entwicklungsstufe, eine künstlerische, architektonische, philosophische Bewegung, eine gefährliche Ideologie, eine Perspektive oder eine Menge zueinander passender Narrative? Zuweilen scheint es nichts als eine lose Ansammlung von Vorstellungen zu sein, über die kein genereller Konsens herrscht, und derselbe ‚postmoderne' Phänomenbereich mag für zwei unterschiedliche Philosophen vollkommen unterschiedliches bedeuten. In der Tat: Womöglich ist es gar die hervorragendste Eigenschaft der Postmoderne selbst, wie Richard Rorty betonte, dass es keine einstimmige Deutung über sie gibt! Alle großen, vereinheitlichenden Erzählungen, wie Lyotard konstatierte, endeten mit der Postmoderne, und gaben den Mikronarrativen den Vorzug; dasselbe muss sicherlich für die Postmoderne selbst gelten. Die offenbleibende Frage ist dann, ob man ein konsistentes Argument für ein gegebenes Phänomen erzeugen kann! Ist die Postmoderne beispielsweise die derzeit höchste kulturelle Entwicklungsstufe, oder eine gefährliche Ideologie (oder nichts davon, oder beides)? Eine Antwort hängt auch davon ab, welche Mikronarrative und Perspektiven man wählt. Als solches entzieht sich ‚die' postmoderne Grundhaltung aber konkreten Antwort.

In der Tat kann man unter dem Begriff der Postmoderne eine Reihe von kulturellen Entwicklungen und Narrativen zusammenfassen, die sich ganz explizit gegen die Formen richtete, die mit der Moderne entstanden sind. In der Physik wurde durch die Relativitäts- und Quantentheorie unsere modern-realistische Vorstellung untergraben, die Welt exakt sei so, wie sie sich unseren Sinnen darstellte. Die Biologie und vor allem die Neurologie bestätigten diese neue und aufregende Weltsicht –

das Nervensystem erzeugt seine eigene neuronale Wirklichkeit. In Kunst, Literatur und Philosophie entwickelte sich während des 20.sten Jahrhunderts neue, subjektivistische Ansätze, die die alten *Grande Narratives* ersetzten: Kleinere, individuellere Narrative nahmen ihren Platz ein, und verdrängten die Vorstellungen, alles sei durch die moderne Wissenschaft wissbar. Thomas Kuhn offenbarte die paradigmatische Natur des Wissenschaftsbetriebes, Niklas Luhmann zeigte, wie sich die Gesellschaft vermittels autopoietischer Prozesse selbst erzeugt, stabilisiert und weiterentwickelt. Folgt man Luhmann, konnten die Medien etwa nun begriffen werden nicht mehr als eine gesellschaftliche Institution, welche Wirklichkeit objektiv beschreibt, sondern als ein Subsystem der Gesellschaft ein Bild der Wirklichkeit k o n s t r u i e r t und dies der Gesamtgesellschaft zur Verfügung stellt; eine Einsicht übrigens, die in den Medien selbst noch nicht angekommen ist – und aufgrund von Selbst-Stabilisierungsmechanismen auch nicht ankommen kann. Wie dem auch sei, eines der großen Themen oder Strömungen der Postmoderne *ist daher die Abkehr vom Absoluten, vom Objektiven, vom Essenziellen.*

Obwohl die postmoderne Idee zunächst in den Universitäten propagiert wurde, hat sie in den letzten 50 Jahren einen Großteil unserer Alltagsbereiche durchdrungen. Feminismus, Identitätspolitik, globales und pluralistisches Bewusstsein, Konstruktivismus, ein relativistisch-subjektivistisches Denken, Post-Strukturalismus, Frankfurter Schule, performative Widersprüche, eine anti-kapitalistischen – weil anti-modernen – Haltung, Subjektivität, Unbestimmtheit: All dies sind Attribute, die gerne mit der Postmoderne in Zusammenhang gebracht wurden. Die Postmoderne hat unsere Kultur durchdrungen. Aus Jung´scher Perspektive könnte man auch argumentieren, sie sei: Die Ideologie des Femininen – oder auch: der archetypischen, fürsorglichen Großen Mutter – die in all ihren Aspekten unser kulturelles Leben bestimmt, und die die eher maskuline Ideologie der Moderne abgelöst hat. Alles Starke, all die schlechten wie guten Aspekte des Patriarchats wurden angegriffen, kritisiert und teilweise verleugnet. Kommunales Denken, Empfindsamkeit, Relativität und flache Hierarchien hielten Einzug in die Gesellschaft. Die phallo-logozentrischen Ideen und Erzählungen von Wissenschaft, von Fortschritt und Demokratie müssen der postmodernen Erzählung weichen. Wollen wir die Spiritualität verstehen, müssen wir die Postmoderne verstehen, denn das eine entstand im Schoße des Anderen.

Was, dann, ist die Kernidee des Postmodernen? Nicht nur, dass aller Text unzählige Interpretationen zulässt; nicht nur, dass jede Situation unzählige Bedeutungen und Interpretationen zulässt: sondern auch, dass für jedes Individuum unzählige Deutungen und Selbst-Beschreibungen möglich sind. Und da alle Interpretationen eben nur Interpretationen sind, gibt es keine vorherrschende oder eine über alles stehende Interpretation: *Ein Flachland von Interpretation.* Alle Erklärungen und Interpretationen sind g l e i c h w e r t i g. Daher erklärt sich der postmoderne Angriff auf die Wissenschaft: Sie kann auch nur eine Interpretation der Welt unter vielen sein. So erklärt sich die Gender- und Identitäts-Politik: Ich kann mir meine Identität auswählen, denn es ist alles sozial konstruiert.

Die Schwierigkeit natürlich ist, dass obwohl es unzählige Beschreibungen und Deutungen gibt, nur ein paar wenige nützlich sind. Biologie und Geschlecht, Physik und Gravitation sind eben n i c h t nur soziale Konstruktionen, obwohl wir – als eine Kultur – die Symbolsysteme natürlich ersonnen haben. Dies soll der Ausgang aus der Postmoderne sein, dass wir wieder einen Nutzen finden, und eine optimistische Sicht! Unsere ethischen Imperative basieren auf unseren Narrativen und Geschichten, und diese sagen uns, wie wir die Welt beobachten können. Unsere Aufgabe ist, unsere Narrative – unser Schicksal – selbst zu bestimmen. Und die Erkenntnis umzusetzen, dass es nützlichere und weniger nützliche Deutungen gibt, ja das es eine Hierarchie von Nützlichkeiten gibt, die einem Flachland von gleichgestellten Interpretationen vorzuziehen sind.

Will man dementsprechend die I d e o l o g i e der Postmoderne verstehen, reicht es, auf die Erkenntnis des sozialen Konstruktivismus zu schauen. Hier sind alle Errungenschaften wie Pathologien zu finden, nehmen ihren Ursprung, entarten, und geben bald ihren Platz für die integrierteren Positionen frei. Als Errungenschaft diente die Idee der sozialen Konstruktion – in der Machart von Foucault, Derrida, Lyotard – bislang unbewusste Prozesse der Identitätsbildung und des Klassen-/Geschlechterbewusstseins ins Bewusstsein zu heben und zu zeigen, dass die Begründungen für solche Unterschiede willkürlich sind. Klassenunterschiede sind sozial erzeugt und konnten aufgehoben werden. Aufgrund dessen konnten die sozialen Bewegungen wie Feminismus, Gender-Theorie, Black Lives Matter ihre Begründung und ihren Anfang finden, und zu der egalitären Form der politischen Korrektheit, die, liberal gesinnt, für gleiche Rechte für alle eintritt.

Doch beginnend mit der Mitte der Neunziger und verstärkt wieder seit 2007 begann eine zweite Welle dieser Bewegung, die von der egalitären in die autoritäre *political correctness* abdriftete, und deren Zentrum die extremen Ansichten der französischen Philosophen übernahmen, namentlich, dass die Wissenschaft nichts als ein Sprachspiel sei, dass alle Werte und Wahrheit relativ seien, und dass es kein wirkliches Individuum gab, sondern dass Bewusstsein gleich Sprache sei. Seine Inhalte indes sind vollkommen dem Machtdiskurs unterworfen. Macht bestimmt, was wahr und was als unwahr betrachtet wird, daher sei auch Wissen ein Resultat eines Machtdiskurses. Das Individuum, so Foucault, mit seiner Identität und seinem Charakter, ist das Produkt von Machtdiskursen, die über den Körper, seinen Bewegungen, Bedürfnissen und Kräften ausgeübt wird. Menschen sind vollständig sozial konstruiert.

Die Methode der Wissenschaft, die die Moderne kennzeichnete und erhöhte, wird schrittweise untergraben, einerseits durch die Deutung als ein relatives und durch Macht geführtes Sprachspiel, andererseits durch ein populäres Missverständnis der Theorie Thomas Kuhns, dessen ‚Paradigmen'-Theorie relativistisch ausgelegt wird – was sie nicht ist. In der Physik fand etwa Anfang des zwanzigsten Jahrhunderts ein Paradigmenwechsel in der Physik statt, und führte zu Erkenntnissen wie der Relativitätstheorie und Quantentheorie. Das alte Paradigma der Newton´schen Mechanik wurde abgelöst – ja! – aber nicht abgewertet, sondern eingebettet in die Relativitätstheorie. Sie ist heute immer noch gültig!

Diese radikale autoritative Linke fällt bemerkenswerter Weise in besonderem Maße dem zum Opfer, was Habermas schon als Kernproblem der Postmoderne identifizierte, nämlich die *performativen Widersprüche.* Hierarchien werden gewaltvoll bekämpft, ohne zu sehen, dass dabei selbst Formen der Hierarchie eingeführt werden. Sich auf die *Kritische Theorie* beziehend werden soziale Beziehungen auf ihren patriarchalen Machtfaktor hin analysiert und dekonstruiert, vorsätzlich blind gegenüber der Tatsache, dass jede Anklage bestehender Machtverhältnisse selbst ein Machtverhältnis konstituiert. Es ist, wie Sloterdijk bemerkte, dass Problem, dass es selbst im Marxismus und Kommunismus Karrieristen gab; politisch jedenfalls ist die Postmoderne schon längst in die Nähe zum Marxismus gerückt. In ihrem Kern steht die autoritative *political correctness* eigentlich gegen Formen der Gewalt, sei sie sprachlich oder körperlich gegen Minderheiten, agiert aber selbst mit sprachlicher und körperlicher Gewalt gegen jene, die sich dieser Ideologie verweigern. Es gilt das Diktum von Marcuse: Soziale und physische Gewalt *gegen* das politisch Rechts-Konservative sei erlaubt, um Gewalt *von* rechts zu unterdrücken. Der Diskurs der autoritativen Linken dient daher nicht der Wahrheitsfindung. Es geht um die Herstellung eines Machtgefälles, um Wahrheit bestimmen zu können. Interessanterweise führte dieses dogmatische Manöver, wie viele Beobachter festgestellt haben, paradoxerweise zu dem Erstarken national-konservativer Bewegungen in den letzten Jahre in Europa und Amerika, dem Druck der Linken widersprechend, wie zu sprechen, oder dem nachzugeben, was zu denken sei.

Diese zugegebenermaßen skizzenhaften Bemerkungen sollen ausreichen, eine zumindest rudimentäre Vorstellung über den postmodernen Zeitgeist zu erhalten, denn wollen wir die zeitgenössische Spiritualität verstehen, müssen wir die Postmoderne verstehen. Beide informieren sich gegenseitig.

§ 3

Abgesehen von dem gleichzeitigen historischen Auftauchen von sowohl Postmoderne (der Begriff wurde übrigens von dem Historiker Arnold Toynbee erfunden, um eine neue Weise eines ‚globalen' Denkens jenseits dem von Nationalstaaten zu beschreiben, dass frühestens 1875 einsetze) und ‚zeitgenössischer' Spiritualität (die sich ungefähr zur selben Zeit zu bilden begann, als u.a. Helena P. Blavatski in den Osten reiste um neue Techniken und Narrative zu importieren und die Spiritualität auf neue Grundlagen stellte), müssen wir uns zunächst fragen, was mit unserem inneren Antrieb zur Transzendenz geschah, nachdem die christliche Weltsicht den Händen des Philosophen zum Opfer gefallen war? Wie konnte sich dieser Drang nach Sinn, Bedeutung und Transzendenz entfalten und im Gewand eines neuen, eben postmodernen Zeitalters kleiden?

Die Spiritualität ist auch Ausdruck des Zeitgeistes. Denn wir wissen nicht nur, dass die christliche Weltsicht mit der Aufklärung ihren Griff auf die Kultur verlor. Auch die jahrtausendealte Kunst und ‚quasi'-Wissenschaft der Alchemie ging in die Chemie und die Physik über. Ich denke nicht, dass wir in der Lage sein werden, die exakte kausale Beziehung zwischen unterschiedlichen historischen Ereignissen dieser Größenordnung herauszulösen, da Geschichte immer auch eine multi-kausale und nicht mono-kausale Sequenz von Ereignissen ist. Aber wir können den Geist der Zeit versuchen einzufangen und versuchen herauszufinden, wie unterschiedliche Bereiche der Gesellschaft sich überschneiden und miteinander interagieren. Es gab, zum Beispiel (und berühmterweise), den Versuch, den Tod der Moderne einer bestimmten Zeit und einem Ort zuzuschreiben, nämlich dem 15. Juli 1972, als der modernistische Wohnbau-Komplex von Pruitt-Igoe gesprengt wurde. Diese Sprengung wurde zu einer Symbol für den Niedergang des Projektes der Moderne selbst. Auf der anderen Seite des Spektrums können wir den Verfall der Moderne und die Emergenz von einer neuen kulturellen Entwicklungsstufe auf eher graduelle Weise beobachten, beginnend, wie Toynbee es tat, mit 1875, dann mit seinem ersten massiven kulturellen Ausbruch in den goldenen 20ern und der Lebensreform und neuen Impulsen in Kunst, Literatur, Physik und Psychologie, dann auf noch gravierende Weise in der Kulturrevolution der 60er Jahre des letzten Jahrhunderts, bis heute, wo sie fast alle Facetten und Bereiche des Lebens durchdrungen hat. Zur selben Zeit war da ein zunehmender Niedergang moderner Weltsichten und Werte, besonders in Bezug auf sein kaltes, rationalistisches und mechanistisches Weltbild, pathologisch sich in den ‚modernen' Systemen von Schule, Fabrik und Gefängnis offenbarend, die allesamt, wie Foucault gezeigt hat, demselben Denken entstammen. Denn was ist die Schule anderes als eine Menschen-Fabrik, die die Idee des Fließbands und der Glocke nutzt, um ‚fertige' Bürger in die Welt der Wirtschaft zu entlassen, nachdem sie von Station zu Station (Klasse) geformt wurden, unter vollkommener Beobachtung, wie das vollkommene Gefängnis des Panoptikums, ohne Rücksicht auf das Innenleben der Individuen, um die es geht, oder zumindest gehen sollte. Aber auch, natürlich, in dem pathologischsten Krebsgeschwür der Moderne, den deutschen Konzentrationslagern, den vervollkommneten Fabriken des Todes. Nach 1945 erhob sich dann eine neue Generation, geläutert von dem Terror der Pathologien der Moderne, das Leben, Gaia, Empathie und Pluralität zelebrierend: Die postmodernen Baby-Boomer.

Ich denke, diese Weise, den Übergang von Moderne zu Postmoderne graduell zu modellieren ist recht nützlich, denn es erlaubt uns gewisse parallele Beobachtungen anzufertigen. Wir sprechen hier freilich koinzidenziell, wir sprechen von den Zeichen der Zeit, denn mit der großen Kulturzeit der Postmoderne finden wir eine Reihe von kulturellen Ereignissen und Bewegungen, die das, was wir heute unter Spiritualität verstehen, formen sollten. Was nämlich in spiritueller Hinsicht mit dem Aufkommen jener kulturellen Veränderungen geschah, die wir unter dem Sammelbegriff des Postmodernen fassen, war, dass man sich von der Bindung an bestimmte Religionen oder Weltsichten löste und offen wurde für neue Einflüsse. Man dachte im Westen plötzlich nicht mehr nur christlich; östliche Narrative und Weltanschauungen über das spirituelle und religiöse Leben wurden mehr und mehr im Westen integriert. Die *philosophia perennis*, die im 19ten Jahrhundert richtig Fuß fasste und mit Huxley einen ausdrucksstarken Vertreter fand, bekräftigte diese Idee. Eine umfassendere Landkarte des Geistigen, wie es erst um die Jahrtausendwende durch Ken Wilber angestrengt worden war, war jedenfalls noch nicht gezeichnet worden, und doch blieb der Spirituelle der modernen Skepsis gegenüber der Religion treu, ohne jedoch genau benennen zu können, wo genau Religion endete und Spiritualität begann. Deutete man Religion lediglich als eine institutionalisierte Glaubensideologie zum Zwecke der Volksbeherrschung, schüttete man das Kind mit dem Bade aus und verlor all die wichtigen Einsichten, die die zweitausend Jahre währende Geschichte des Christentums zu bieten hatte. Paradoxerweise wandte man sich als Spiritueller dann aber anderen Religionen zu und entwickelte ein pluralistisches, weltoffenes Verständnis, ohne das eigene Erbe verstehen zu wollen oder zu können. Die Folge war, dass östliche Weisheit ohne Rücksicht auf geografischen und zeitlichen Hintergrund adaptiert wurden und zu Lebensweisen und Narrativen führten, die nicht nur oberflächlich im Konflikt mit westlichen Werten standen. Ich werde später auf ein paar dieser Irrtümer eingehen. Aber man könnte auch sagen: Man versuchte, prämoderne Einsichten über die Natur des Geistes und der Existenz auf ein existierendes westlich-modernes Betriebssystem aus Philosophie und Wissenschaft zu setzen, und wie man sich denken kann sind die Ergebnisse dessen nicht sonderlich vorteilhaft. Aber wir greifen voraus.

1882 erscheint also die *Fröhliche Wissenschaft.* Ein paar Jahre vorher hatte Nietzsches Geistesvater den Westen mit dem Geiste des Buddhismus infiziert; die Schopenhauer´sche Philosophie fand sich in großer Übereinstimmung mit den Vorstellungen des Ostens. 1875 war Helena P. Blavatski nach Indien gereist und legte den Grundstein für eine erste pluralistisch angelegte, nicht christlich-zentrierte Spiritualität, mit östlichen Motiven, die bald in Anthroposophie überführt werden sollte. Ihre Theosophische Gesellschaft war in dieser Hinsicht ein Blueprint für die spirituellen Gruppen, die sich in den folgenden Jahrzehnten entwickeln sollten. Künstler wie Kandinsky und Yeats umarmten offen das Okkulte. Aleister Crowley, jener spirituelle Trickster, orientierte sich um die Jahrhundertwende ebenfalls gen Osten, und reformierte das mystisch-magische Denken, indem er Wissenschaft und Religion in Übereinstimmung zu bringen suchte; ein Versuch, dessen DNA bis in die Philosophie Ken Wilbers nachvollziehbar ist. Crowley strebte eine große, kulturübergreifende Synthese an – ein quasi integrales Modell –, wie auch sein Wiedergänger im Osten, Sri Aurobindo, der ein integrales Yoga formulierte, welches bis heute seine Gültigkeit hat. Die okkulten englischen Orden erblühten unter dem neuen Einfluss östlicher Ideen und dem gleichzeitigen Verfall jener Jahrtausend während alchemistischen Tradition des Westens und Ostens, die erst mit Newton, der sich noch stark mit ihr identifizierte, einen Abschluss fand. Denn nannte man Newton nicht ‚den letzten Alchemisten'? Die Alchemie war es, die um 1875 nahtlos in den englischen Hermetizismus übergegangen war. Sie beeinflusste Rudolf Steiner, Eliphaz Levi und Arthur Edward Waite.

Keine Betrachtung der Spiritualität kann vollständig sein, ohne das Projekt der Alchemie zumindest ansatzweise zu verstehen. Denn besonders die Alchemie war ohne den Chaoskampf undenkbar. Die alchemistische Vorstellung, dass die ‚chemischen' Wandlung der Materie und die Wandlung des Selbst konzeptionell e i n e s waren: findet dies nicht einen Wiederklang im New-Age und den spirituellen Idealisten, für die Materie nichts anderes sei als kristallisiertes Bewusstsein? Doch noch etwas anderes kennzeichnete die Alchemie: Um diese veredelnden Wandlung von Materie und Selbst zu erwirken musste zunächst die Schwärze konfrontiert werden: *Nigredo*, den Anfangszustand, das Chaos. Nur aus ihm heraus konnte, so die Konzeption, eine Veredelung des Selbst stattfinden und alchemistisches Gold erzeugt werden.

Es ist kein Wunder, dass C.G. Jung einen nicht unwesentlichen Teil seiner Studien dem Okkulten und der Alchemie widmete. Denn obwohl die Alchemie selbst eine Transformation in Richtung Chemie vollzog und den metaphysischen Aspekt, den besseren und höheren Menschen hervorzubringen, dabei ablegte, lag sie doch in unmittelbarer Nähe zur Psychologie. Die formte sich 1890 damit etwa zeitgleich und unter generell wissenschaftlichen Einfluss, das Projekt der Selbst-Entdeckung und Selbstformung mit anderen Mitteln fortsetzend. Was Freud tat, so ungeheuerlich es scheint, war, den christlichen Gott nach innen zu verlagern, ins Unterbewusste. Wie uns Gott vorher aus dem außen kontrollierte, so kontrollierte uns nun das Unbewusste aus dem Inneren heraus. Ob dieser Gott nun aber innen oder außen liegt, tut nichts zu Frage, ob es (für uns) einen Gott gibt. Das Projekt der Bewusstwerdung nahm jedenfalls mit der Psychoanalyse enormen Fahrtwind auf, wir werden noch einiges dazu zu sagen haben.

Vor allem, und dies ist geschichtlich leicht zu zeigen, entwickelte sich die uns heute bekannte Spiritualität als ein expliziter Gegenentwurf zur Moderne. Ab 1850 entstanden in den Vereinigten Staaten und auch Europa in relativ kurzer Zeit hunderte von alternativen Gemeinschaften, die eine wie auch immer geartete Lebensreform aus Naturbezug, Selbstverwirklichung und Transzendenzstreben zum Thema hatten und die sich explizit gegen Materialismus und Kapitalismus wandten. Diese Lebensreform-artige Bewegung war bekanntlich nicht die Einzige, die diesen Versuch startete, und nicht von ungefähr kommt die ideologische und lebenspraktische Nähe von Sozialismus – später Kommunismus – und spiritueller Lebensreform. Man könnte sagen: Ausreichend erforscht ist diese Gegenbewegung und Verwandtschaft mit Sicherheit nicht. Und doch vermag sie jedem ins Auge fallen, der heute irgendeine heutige spirituelle Kommune oder ‚Sangha' westlicher Machart besucht.

C.G. Jungs Ideen erlebten übrigens in der Kulturrevolution der 60er eine massive Wiederbelebung, und unser heutiges Verständnis der Spiritualität in all ihren Aspekten kann nicht ohne das Wirken dieser Protagonisten und die Arbeit der letzten 150 Jahre angemessen verstanden werden. Doch wie genau zeigt sich diese postmoderne Haltung in der Spiritualität heute?

§ 4

Gemäß des postmodernen Mottos: Alle Interpretationen sind wahr – und damit: alle Wege sind wahr! – schlendert der postmodern-spirituelle Bohemien auf dem Boulevard der Weltreligionen und nimmt, was sich ihm anbietet. Alle Wege sind gleich und führen ans Ziel. Das stimmt natürlich nicht. Nicht für jeden sind alle Wege gleich wahr, oder besser: nützlich – und dies ist die große postmoderne spirituelle Verwirrung, nämlich anzunehmen, jeder Weg sei gleichermaßen gültig, oder führe ans Ziel. Aber dem Bohemien scheint dies zunächst nicht zu stören. Er folgt seiner Intuition, und probiert hier und da; eine Reise nach Indien jedenfalls ist obligatorisch.

Winfried Gebhardt nannte diese Figur den *spirituellen Wanderer*: Offen für alles, verantwortlich für nichts. Welch‘ passenderes Bild ist für den postmodernen Spirituellen je geschaffen worden? Hier zeigt sich, wie Spiritualität in der Postmoderne auftritt. Der Wanderer, der über den Jahrmarkt der Religionen und Traditionen schlendert, nimmt sich, was er braucht. Oder besser: Was kurzfristig seine Aufmerksamkeit besetzt. Dem spirituellen Bohemien geht es um einen gewissen spirituellen Lifestyle, darum zu zeigen, ein Vegetarier zu sein. Und doch ist er nur ein Vegetarier der Seele, sein Blut ist generell anämisch. Das Zeichen, zu einer bestimmten spirituellen Gruppe zu gehören oder einem bestimmten Lifestyle zu folgen, überschattet jedes authentische Transzendenzstreben, dem wir hier in diesem Buch nachspüren. Hier, unter all den Lifestyle-Signalen findet er seine Identität, aber diese Identität ist nicht selbst-erzeugt, sie beruft sich auf Anderes; er ist nicht, um es mit dem Psychologen Robert Kegan auszudrücken, sich stets selbsttranszendierend, seine Identität dadurch bildend, indem er sich ständig weiter entwickelt. Vielmehr ist das, was sozial tradiert wird, das Mittel, durch das der Wanderer – wie auch die postmoderne Persönlichkeit an sich – unterbewusst seine Identität erzeugt. Identität wird noch nicht durch den feinen Grenzgang zwischen Ordnung und Chaos erzeugt, und wie das aussehen könnte werden wir in ein paar Seiten untersuchen.

So bleibt der spirituelle Bohemien dem postmodernen Credo treu: Es gibt eine Unzahl von wissbaren Traditionen, Techniken, Ansätzen, Erklärungen und Perspektiven, derer man sich bedienen kann, die doch allesamt weder zu einer Veränderung führen, noch führen können. Denn die Regeln der Transzendenz sind noch nicht gewusst. Dem postmodernen Paradigma folgend hat er selbst die große Erzählung von der Erleuchtung aus dem Blick verloren, und für eine Vielzahl kleiner Stories, die sich in der Relativität verlieren, eingetauscht. Weisheit heißt, zu erkennen, was und wer man selbst ist, und nicht, die Verse und Sprüche und Modelle von anderen, die den Weg erfolgreicher gegangen sind, wiederzugeben. Nichts zuletzt deshalb gibt es unter den spirituellen Wanderern eine so hohe Frustrationsrate. Auch die Lust am Neuen weicht irgendwann der Erkenntnis, dass auch das nächste Seminar nicht weiterhelfen wird. Denn die Unmoral des Wanderers ist: Sein Schicksal dem Guru und der Intuition zu überlassen. Wie ein Schiff ohne Hafen wandelt er über die See, doch ohne einen Hafen wird er sich nie bemühen ankommen. Wie vielem Postmodernen geht ihm in der Vielzahl der Angebote und Deutungen die Nützlichkeit verloren.

Denn die Wahrheit der Dinge ist: Weisheit kann nur durch die Schau des inneren Abyss gewonnen werden, und nicht durch die Geschichten und Weisheiten von anderen. Der Einzelne wäre besser beraten, alle Bücher fortzuwerfen, und den Tauchgang selbst zu unternehmen. Das, was er wissen muss, das was er erkennen kann, wird er im Siedekessel seiner eigenen Seele hervorbringen. Überdies: Ist es nicht eigentlich Faulheit, anzunehmen, die Weisheiten der Alten des Ostens hätten für uns Westler heute irgendeinen Bestand? Sind nicht die Techniken der Alten so unnütz wie das Penny Farthing, oder die Trepanation des prähistorischen Menschen?

Wie dem Postmodernen geht der spirituelle Wanderer in der Menge der Möglichkeiten verloren. Wer kein Ziel hat, schweift umher. Der umherschweifende innere Blick, der nichts ins Auge fassen kann, verliert sich in den Neurosen und Konditionierungen. Vor allem: Den Dramen der Vergangenheit. Anstatt das Neue, das Wirkliche, das Zukünftige zu konzentrieren, wird sich die Zeit im Alten vertrieben. Und was er sucht, wird er finden. Was seine Ursache nicht in der eigenen Geschichte hat, wird dann in der Geschichte seiner Vorfahren gefunden, und wer hier nicht fündig wird, findet vielleicht ein Trauma in der Seele seiner Nation. Und das rastlose Auge, dass keinen anderen Sinn hat, als nach weiteren Dramen Ausschau zu halten, erfüllt seinen Zweck. Etwas muss man ja tun. Eine neue Familien-Aufstellung, ein neues Verfahren wird gesucht. Die paradoxe Idiotie des Heilungssuchenden: dass er immer mehr Krankheiten findet!

So verliert sich der postmoderne Wanderer im Flachland spiritueller Ambitionen. Das Antidot: Der Chaoskampf, der Wille zur Transzendenz. Was hier noch als Hindernis, als Problem, als Krise auftaucht, ist in Wirklichkeit der erste Schritt der Problemlösung. Da ist ein Geheimnis, dass postmoderne Flachlandspiritualität nicht sehen kann, ebenso wie auch ein Kreis den Umfang einer Kugel nicht begreift. Es ist nicht die spezielle Technik oder Praxis, die Transzendenz bringt, sondern die Weise, wie sie vollzogen wird. Diese Weise ist immer Wille, immer Chaoskampf. Werden die Prinzipien des Chaoskampfes gewusst, ist jede Technik und Praxis unnötig, und kann wie eine alte Schlangenhaut abgelegt werden.

Eine Spiritualität, die auf Flachlandinterpretationen basiert, reduziert Stress und Konflikt. Sie macht die Arbeit am Selbst *bequem.* Das macht sie so *attraktiv* für den Postmodernen. Eine Spiritualität, die auf Nützlichkeit basiert, erhöht Stress und Konflikt, um überlebensfähiger zu werden: Ja, um m e h r zu leben! Um mehr zu unterscheiden, um das Schwert zu nutzen, um das Wesentliche vom Unwesentlichen zu trennen. Er sucht nicht das Glück. Der wahre Spirituelle ist sogar ein Verächter des Glücks. Happiness als Lebensformel: Dies kann nur eine schwache Seele wählen! Denn war es nicht C.G. Jung, der festhielt, dass das Ziel der Therapie nicht das Glück sei, sondern *vielmehr die gewachsene Fähigkeit, mit Leid und Krise umgehen zu können?* Hört dies, ihr Heilssuchenden: Je mehr ihr das Glück sucht, umso mehr wird das Leid euch finden.

§ 5

Betrachten wir die Postmoderne als eine Zeitgeistererscheinung, so fällt neben der spirituellen Hinwendung zum Heiligen, die sich gen Osten orientierte, auch die Entwicklung der Psychologie ins Auge. Die Psychologie wurde ja schon vermehrt als die erste postmoderne Wissenschaft bezeichnet, und es gibt eine tiefe kulturelle

Vernetzung zwischen Psychologie und Spiritualität, u.a. auch in der Arbeit von Ken Wilber kulminierend, dessen Vorstellungen von der Spiritualität, wir werden darauf noch eingehen, von der Idee der Entwicklungsstufen des Geistes durchdrungen ist.

Psychologie und Spiritualität haben zunächst denselben Nährboden, Bewusstsein und Psyche sind der Gegenstand ihrer Verfahren. Doch es gibt einen systemischen Unterschied in der Weise, wie beide das Problem des Bewusstseins angehen.

Auf der einen Seite gründete Wilhelm Wundt 1879 das Institut für experimentelle Psychologie, um die Entwicklung des Inneren zu kategorisieren, und zwar mit dem expliziten Anspruch, wissenschaftliche Methoden zu verwenden. Demgegenüber drehte sich die Psychoanalyse um den passiven Patienten, der durch den Therapeuten durch sein eigenes Unterbewusstsein geführt wurde. Freuds Methode der freien Assoziation war diesbezüglich nicht geringeres als eine Revolution, denn sie erlaubte dem Patienten, in geführter Weise zum ersten Mal sein tiefes Bewusstsein zu erfahren, in die Komplexität des Geistes einzutauchen, um neues Material und Einsichten hervorzubringen, die vorher verborgen lagen.

Doch es war die Spiritualität, die diese Aufgabe komplett in die Hände des spirituellen Studenten legte und der damit die volle Verantwortung für die Reise in sein eigenes Bewusstsein übernahm. Sein Ziel lag nicht in der Heilung, sondern darin, das Chaos zu konfrontieren und die Idee zu überkommen, dass da jemand ist, der Leid erfahren kann. In vielerlei Hinsicht sind Spiritualität und Psychologie Zwillingserscheinungen mit umgekehrten Vorzeichen.

Wir können argumentieren, dass Psychologie dazu diente, psychologische Inhalte zu erfahren, zu kategorisieren und analysieren, während die Spiritualität beginnt, diese Inhalte zu navigieren und zu gestalten. Wir dürfen nämlich nicht vergessen, dass die postmoderne Trennung von religiösen Weltsichten und spirituellen Praxen dem Individuum ermöglichte, nach eigenem Ermessen die Methoden und Praxen zu wählen, die ihm sinnvoll erschienen. Diese Übernahme der Verantwortung für die aktive Gestaltung der eigenen Erfahrung ist ein gravierender Schritt in der kognitiven Entwicklung des Menschen, und hier zeigt sich die Postmoderne von ihrer besten Seite. Es gab, dies gilt zu berücksichtigen, im Mittelalter und auch der Moderne kaum angemessene Begriffe, um die Regeln und Mechanismen des Bewusstseins passend beschreiben zu können, zumindest nicht in der Weise, wie wir es heute können. Es gab nur wenig Geistes-Philosophen, sich mit teilweise seltsamen Themen beschäftigen, wie etwa der Anatomie der Melancholie. Das die Postmoderne dem Individuum ermöglichte, die Regeln der eigenen Beobachtung zu erkennen, war eine evolutionäre Innovation, die einmalig in der Geschichte der Menschheit war.

Zu diesem Zweck mussten sich westliche und wissenschaftliche Modele und Theorien über das Bewusstsein entwickeln und zu Rate gezogen werden, denn die buddhistische Nomenklatur war beispielsweise nicht nur veraltet, unpassend für den westlichen Geist und unnötig komplex, sondern stammt aus einer anderen kulturellen Weltsicht und Entwicklungsstufe, die mir unserer wenig gemein hatte. Hier sehen wir klar die Wechselbeziehung von Spiritualität und Psychologie, denn zeitgenössische

Spiritualität ist ohne die Termini und Kategorien der Psychologie undenkbar. Auf der anderen Seite stellte die Spiritualität Themen bereit, an der die Psychologie sich abarbeiten konnte, man denke nur an Grenzerfahrung, Flow oder eben die Stufen der kognitiven Entwicklung, die, wie wir sahen, eine lange religiös-spirituelle Tradition hatten. Es war auf der anderen Seite jedoch niemals die Intention der Psychologie, den Patienten in Richtung Selbsttranszendenz zu orientieren. Insofern scheint es, als führe die Postmoderne dazu, die allgemeine Bewusstheit des Menschheit zu heben, noch ohne klar zu wissen, was es damit tun soll.

In dieser Hinsicht leidet die zeitgenössische Spiritualität von demselben unerfüllten Versprechen, an dem die postmoderne Geisteshaltung an sich leidet, nämlich die seltsame Unentschlossenheit und Passivität. Man sollte, beispielsweise, annehmen, dass ein eher global denkender Geist effektiver und angemessener mit den globalen Problemen unserer Welt umgehen kann. Doch das Gegenteil ist der Fall. Stattdessen wird die moderne Wissenschaft selbst hinterfragt und versucht, die Genderidentifikation von Kindern zu verwirren, wobei man wertvolle Zeit verliert, die nötig wäre, das Klima und die Weltmeere zu retten sowie die Abholzung der Regenwälder zu stoppen. Zeitgenössische Spiritualität vermeidet auf dieselbe Weise die wichtigen Angelegenheiten, und tauscht Komfort und Sicherheit für den wirklichen Chaoskampf, Selbstopfer und Transzendenz ein.

Wenn es eine reife Spiritualität geben sollte, dann wird sie die Irrtümer der zeitgenössischen Spiritualität überwinden und ihr evolutionäres Potential erfüllen, und sie wird in diesem Sinne demonstrieren, wie die tiefen Prozesse, durch die das Bewusstsein sich selbst aktualisiert, auf das Bewusstsein selbst bewusst angewandt werden können. Spiritualität wird nicht länger eine reaktive, passive und suchende Spiritualität sein, die in der Sicherheit einer Community praktiziert wird. Es wird vielmehr eine Spiritualität sein, die sich mit der Welt und ihren Problemen auseinandersetzt. Die Hingabe und das Opfer werden vollkommen sein in der Auseinandersetzung mit dem Chaos, und die Welt wird durch die vollständige Transformation des Selbst transformiert werden. Eine solche Spiritualität wird New-Age und Healing und Happiness hinter sich lassen, und es wird eine starke Spiritualität sein, die Selbst und Welt durch Willen formt. Sie wird starke Individuen hervorbringen, die bereit sind, Schmerz und Krise und Schrecken zu erdulden. Sie werden Lust erdulden. Sie werden die postmodernen Einsichten über die Natur des Bewusstseins integrieren, und sie zur Anwendung bringen. Es wird eine Spiritualität des Willens sein, und nicht nur der Liebe und Empathie. Doch was sind die gravierendsten Irrtümer der zeitgenössischen Spiritualität?

§ 6

Wir sprachen in dem Vorwort von der *Inkohärenz*, die die zeitgenössische Spiritualität durchdringt. Wir sind nun in der Lage, zu beginnen, diese Pathologien genauer zu benennen. Ich habe schon über den Aberglauben gesprochen, das ein Aspirant erfolgreich auf dem Weg seines Lehrers gehen kann, dabei vollkommen die Tatsache ignorierend, dass er seinen eigenen Pfad entdecken und folgen muss. Wir besprachen auch schon den Glauben, dass bestimmte Techniken – ganz unabhängig von ihren zeitlichen, kulturellen und geographischen Hintergrund, vor dem sie entstanden – stets zu gewissen Resultaten führen wird, auch hier die Tatsache ignorierend, dass z.B. christliche oder schamanistische oder buddhistische Techniken vor hunderten, wenn nicht tausenden Jahren entwickelt wurden, als die Menschen ganz andere Entwicklungsprobleme zu lösen hatten als wir heute. Warum, so müssen wir uns fragen, sollten wir annehmen, dass diese Techniken und Praktiken, die für ein prämodernes oder traditionell angelegtes Bewusstsein funktionierten und angelegt waren, ebenso für ein postmodernes, pluralistisch oder systemisch angelegtes Bewusstsein funktionieren sollten? Psyche und Bewusstsein entwickeln sich über die Zeit, und wenn wir irgendetwas aus diesem Buch mitnehmen können, dann ist es die Tatsache, dass sich Spiritualität ebenso entwickelt und immer wieder neue Praktiken und Techniken für das Bewusstsein bereitstellt, sich zu entwickeln und die gegenwärtigen Probleme zu lösen.

Wir müssen uns vergegenwärtigen, dass Spiritualität über die Jahrtausende immer wieder ihre Häute ablegt und damit nach und nach ihren Kern und die Architektur der Transzendenz offenlegt. Der Aberglaube, dass da ein Lehrer, Guru oder eine Technik zum gelobten Land führen kann, ist illusorisch, sofern die beiden Techniken Chaoskampf und Selbstopfer nicht verkörpert werden. Dies ist die allgemeine Kritik an der gegenwärtigen Spiritualität, dass die Form dem Inhalt vorgezogen wird. Doch abgesehen davon finden wir weitere Irrtümer der zeitgenössischen Spiritualität, lasst uns also beginnen und weitere Häute abstreifen.

Be here now: Wie gesehen sind wir, so zeigt uns die Neurologie, *zukunftsgezogene* Lebewesen, Handlungssysteme, die wir uns selbst und unser Weltbild in konstruktivistischer – man sagt auch: autopoietischer – Manier erzeugen. Wir handeln, das wissen wir nicht nur durch Heidegger, nicht in der Welt, sondern stets m i t ihr, und selbst die ruhigsten, achtsamsten Momente der Meditation sind Zeiten voller Sturm und Drang. Wir können nicht n i c h t handeln. Die Vorstellungen, man könne ‚Nicht-Tun' oder ‚In-der-Gegenwart-Sein', sind nicht nur eine Fehlinterpretation bestimmter spiritueller Einsichten, sondern eine groteske Fehleinschätzung dessen, zu was die Spiritualität in der Lage ist. Wir handeln immer, erzeugen einen Zusammenhang aus Gegenwart und Zukunft, und gewinnen Sinn und Bedeutung aus diesem Zusammenhang. Eine Deutung der Spiritualität, die diese prozesshafte Modalität des Seins nicht anerkennt, muss selbst der Vieldeutbarkeit der Gegenwart zum Opfer fallen – und tat es bisher erfolgreich! Ein solches Narrativ besticht bestenfalls durch seine *naïveté*. Wenn etwa Buddha verlauten ließ, man solle sich auf die Gegenwart konzentrieren, hieß es für ihn, eben nicht in der Vergangenheit zu verweilen oder von der Gegenwart zu träumen. Handeln kann man in der Tat nur in der Gegenwart! Doch dieses Handeln ist, so wusste Buddha, an sich zukunftsbezogen, man kann immer nur in Bezug auf etwas handeln. Und es mag zu einem guten Teil Ram Das geschuldet sein, dass aus einem in der Gegenwart handeln ein In-der-Gegenwart-Sein wurde, dass jeden offenen Konflikt mit dem Chaos wie die Pest meidet, denn Chaos, das war vor allem das Resultat von Kapitalismus und Materialismus.

Happiness. Spirituelles Leben dreht sich nicht darum, glücklich zu sein, sondern mit Krisen umgehen zu können, die durch den Chaoskampf selbst erzeugt werden. Wenn ‚Leben' im Allgemeinen bedeutet, zu reifen, dann definieren wir uns durch die Krisen, die wir erzeugen, um sie zu bewältigen. Die Seele befindet sich in einem steten Krieg mit sich selbst, um sich selbst zu erkennen. Reifen heißt, stark zu sein im Angesicht von Ungerechtigkeiten, Krisen, Katastrophen, Leid und Verzweiflung. Spirituelle Arbeit bedeutet, diese basale Tatsache des Lebens zu akzeptieren und sich dementsprechend zu verhalten. Wie viele Psychologen gezeigt haben kann Glück entstehen, wenn wir uns ethisch angemessen verhalten; aber Glück ist ein sekundäres Phänomen. Wir alle erfahren Leid auf die eine oder andere Art und Weise. Die Frage ist, was wir trotz des Leides tun.

Unser Leben ist Leid, wie alle Religionen anerkennen. Diesen leidvollen Aspekt des Daseins zu leugnen – vor allem in einer Zeit, in der wir alles tun, um uns vor dem Ungewissen zu schützen, indem wir Kultur als Wall gegen das Ungewisse ausbauen – ist fatal. Die spirituelle Arbeit sollte ermöglichen, im Angesicht der Katastrophen ethisch handeln zu können. Es gibt nichts verachtenswürdigeres als diese Happiness-Doktrin, weil sie implizit dem Menschen jenes Agens raubt, durch das sie eigentlich im Angesicht von Krise und Leid überlebensfähig wird. Man sollte dieses Streben nach Glück vollkommen verwerfen. Es wird sich schon von selbst einstellen, wenn man richtig und angemessen handelt.

Nun muss hinzugefügt werden, dass da nichtsdestotrotz eine geheime, eine sublime Freunde regieren kann, und ihren Thronsessel einnimmt, sobald der grundsätzliche Zusammenhang und die Dialektik von Chaoskampf, Selbstopfer und selbsterzeugte Krisen begriffen wurde. Sie entsteht – und besteht –, wie ein Oberton in der Seele, den nichts erschüttern kann. Diese Freude ist geheim, aber sie kann nie gewollt werden. Und doch kann sie entstehen, wenn sich die Psyche auf bestimmte Weise ausrichtet. Sie darf auch nie das Ziel sein, genauso wenig wie ein Oberton in der Musik das Ziel ist. Ein Oberton ergibt sich aus dem Verlauf der Musik selbst, ihrer Höhen und Tiefen, und dem harmonischen Gesamtzusammenhang von allem. Diese geheime Freude anzustreben hieße, das Spiel der Melodie zu vernachlässigen. Nur hier kann die Universalie, dass Existenz reines Leid ist, durch die Erkenntnis, dass Dasein reine Freude ist, ausgeglichen werden. Man lasse sich also nicht durch das verhärtete Gesicht des Fremden täuschen. Womöglich ist da eine Freude viel tiefer als alles, was man sehen kann.

Healing. Wie erwähnt gibt es eine weitere seltsame Idee, die die Spiritualität durchdringt, und das ist die des Healings. Was genau würde geschehen, wenn jeder Konflikt, jeder Schatten, jede Neurose gelöst würde? Was genau soll danach passieren? Selbst in der Psychologie ist das Konzept der Heilung ein problematisches. Jung argumentierte, ich erwähnte es schon, dass ein Großteil der Therapie unnötig ist, sobald man sich ein höchstes Ideal wählt und dementsprechend handelt. Denn das Problem ist, dass die Suche nach Konflikt, Konfliktlösung und Glück ein gefährlicher und niemals endender Kreislauf ist; jeder internale Konflikt, der gefunden wird, führt zu einem Nächsten: Von persönlichen Dramen der Vergangenheit kommt man zu familiären und dann zu Kollektivdramen der Nation, die einen prägen oder geprägt haben. So kann man sein ganzes Leben um diese Dramen und ungelösten Konflikte strukturieren, und niemals ein Ende finden. Das ganze Paradigma ist fehlleitend. Stattdessen sollte man sich ein Ziel wählen, das Chaos konfrontieren und sich selbst aufopfern. Tut man dies angemessen, werden Gesundheit und Freude automatisch folgen.

Urknall und Bewusstsein. Wenn etwas an der postmodernen Spiritualität zu kritisieren gibt, so ist es die Weigerung, irgendetwas als gegeben hinzunehmen, was die Gesellschaft in mehr als zweitausend Jahren aufgebaut oder erkannt hat, und stattdessen weiter an gewissen prärationale Märchen zu glauben. Es gibt keinerlei Hinweise darauf, dass Bewusstsein vor dem Urknall existierte. Ein nondualen Bewusstseinszustand mit einer primordialen Zustand vor dem Urknall gleichzusetzen, heißt, einen Kategorienfehler zu begehen, bei dem man zwei Ebenen – in dem Fall die Physikalische und die Psychologische – vermischt.

Was diesen Glauben begleitet ist die Vorstellung, dass Bewusstsein und Kosmos auf irgendeine Weise verbunden sind und das die Manipulation des Einen zu Veränderungen des Anderen führt (siehe ‚The Secret') – also die Vorstellung, dass sich auf einer ‚Sub-Quanten-Ebene' Bewusstsein und Kosmos vereinen. Doch selbst wenn dies wahr wäre so gäbe es keinen Weg, dies zu wissen. Der Kosmos ist nicht kondensiertes Bewusstsein, noch ist es das Bewusstsein, was dem Kosmos vorangeht. Wir wissen einfach nicht genug über die Natur des Bewusstseins und des Kosmos, um solche Annahmen als wahr zu nehmen, selbst wenn sie sich in Zukunft als wahr herausstellen sollten. Wenn Spiritualität eine für die Gesamtgesellschaft betreffende Bedeutung haben soll, dann müssen wir uns von den mythischen Vorannahmen befreien, die dem, was wir auch anderen Bereichen des Lebens wissen, etwa der Wissenschaft, gegenüberstehen. Und selbst wenn diese Annahmen wahr sind, was für ein Unterschied macht es für das alltägliche Leben? Wir müssen dennoch Chaos konfrontieren und Ordnung schaffen ganz unabhängig davon, ob Kosmos und Bewusstsein auf einer Ebene ‚eines' sind.

Reinkarnation. Alles, was hier als sinnvoll betrachtet werden kann, ist die Erkenntnis, dass es sich bei der Reinkarnation um eine M e t a p h e r handelt – wie Jesus Gang über das Wasser – um das Selbstopfer und die Neugeburt während des Chaoskampfes, über die wir gesprochen haben, zu kennzeichnen. Dasselbe gilt im Übrigen für jene metaphysischen Tafeln, von denen die Blavatski sprach und was sich mit den Jahren in den ‚Akasha-Chroniken' kondensiert hat, so als gäbe es ein Weltgedächtnis unabhängig oder außerhalb des menschlichen Geistes. Wir können freilich unsere eigenen tiefen Narrative beobachten, durch die wir unsere eigene subjektive Wirklichkeit erzeugen. Es ist, wie auch schon Hartmut Zinser erkannte, ein erkenntnistheoretischer Grundfehler, subjektive Erfahrung als Deutung des Weltgedächtnisses misszuverstehen. Reinkarnation ist eine Metapher für einen psychologischen Prozess, den wir in diesem Buch zu Genüge gedeutet haben. Denn, man muss sich fragen: Wer erlangt Kenntnis von anderen

Welten? Es ist natürlich der psychische Beobachter, und der ist immer an seine Weltsichten, Perspektiven und Narrative gebunden. Um, mit anderen Worten, Reinkarnation beobachten zu können, müsste der Beobachter den Radius seiner eignen Kognition verlassen, was er natürlich nicht kann. Insofern ist er immer an seine Narrative gebunden.

Sangha. Wir sind schon an anderem Orte darauf eingegangen. Geschichte zeigt, dass ein Sangha niemals wirklich den Aspiranten anregen konnte, sich mit dem Chaos auseinanderzusetzen. Ein Sangha vermag niemals so tief in die Seele zu schneiden wie reine Einsamkeit, Verzweiflung, Leid und Schrecken es tun können. Wir alle haben – um mit George Orwell zu sprechen – unseren Raum 101; und sind wir tatsächlich geneigt, uns zu transzendieren, müssen wir diesen Raum freiwillig betreten, mit nichts anderem bewaffnet als unserer Liebe und unserem Willen.

Was nicht heißt dass eine Entwicklungsgruppe, Sangha oder ähnliches keine Funktion hat. Sie kann natürlich den Einzelnen informieren und auf den Chaoskampf vorbereiten, ihn mit den möglichen Techniken ausstatten, ihn zu mehr sozialer Authentizität und dergleichen führen. Doch der Chaoskampf bleibt der Wüste vorbehalten, und nicht dem sicheren Komfort der Gruppe.

Relativismus. Jeder Wille ruft Widerstand und Opposition hervor. Aber dieser Widerstand ist tatsächlich das Mittel um erfolgreich zu sein und sich zu entwickeln. Ein anderer Wille wird zu einem anderen Widerstand führen, doch die Dichotomie von Wille und Widerstand ist eine notwendige. Das eine definiert und ermöglicht das andere, und daher den Fortschritt. Doch es liegt eine

Krankheit in der zeitgenössischen Spiritualität, die von einer Aversion gegen den Willen begleitet wird, nämlich die Vorstellung, dass jeder Widerstand und jede Opposition nicht das Resultat des Willens ist, sondern entweder von irgendwelchen höheren Kräften, Karma oder von bestimmten ungelösten Konflikten. ‚Es sollte nicht sein', ist die Entschuldigung der Bettlägrigen. Aber wie wir gesehen haben, ist es in jeder Hinsicht der Wille, der transzendiert, und aus diesem Grund werden die Bettlägrigen ihre Krankheit nie überwinden. Das geistige Resultat ist eine Art impliziter Affirmation des Relativen: Alles kann entschuldigt werden durch internales und nicht aufgearbeitetes Drama und Konflikt, durch die schlechte Kindheit, die böse Tante. Das Individuum ist daher verantwortlich für nichts, denn es konzeptualisiert sich als Opfer der Ereignisse der Vergangenheit. Die traurige Wahrheit ist, dass sich das Individuum auf diese Weise selbst in einem Gefängnis der Handlungsunfähigkeit inhaftierte.

Evolution als Impuls. Ein Versuch, einige Probleme der zeitgenössischen Spiritualität zu lösen, liegt in der Idee, dass wir von einem evolutionären Impuls angetrieben werden, Eros, der unsere physikalische, biologische, soziologische und psychologische Evolution formte – und das wir dadurch, uns an diesen Impuls anpassen und daran ausrichten, reifen und wachsen können. Die Idee ist an sich nicht schlecht, obwohl auch hier ein gutes Maß mystischen Denkens darin verborgen liegt. Natürlich gibt es keinen evolutionären Impuls per se. Was wir tun können ist zu versuchen, die Kernprinzipien der Evolution auf den Geist anzuwenden, also Reproduktion, Variation, Selektion (und Emergenz), oder, in anderen

Worten, Chaoskampf und Selbstopfer, was letztlich nichts ist als eine spirituelle Kodifizerung dieses Prozesses.

Das tiefere Problem: Wenn man von Evolution als einem Prozess ausgeht, dem wir alle unterliegen – was durchaus wahr ist – dann muss jeder ‚gefühlte' motivationale Impuls, im Dienst der Evolution stehen. Dann ergibt aber das Konzept eines besonderen oder hervorhebbaren evolutionären Impulses keinen Sinn. Dementsprechend gibt es auch keine ‚*leading edge of evolution*'. Entweder sind wir alle, wo wir auch stehen, Teil eines evolutionären Prozesses, oder es ist niemand. Und wenn wir alle Teil eines evolutionären Prozesses hin zu mehr Komplexität und Reife sind, dann ist jeder *leading edge*, weil jeder die aktuelle Iteration der Evolution in sich selbst hervorbringt.

§ 7

Wir wollen einen Moment bei dem Aspekt der ‚Heilung' verweilen und seine zugrunde liegende Struktur betrachten. Ein Unterton der Postmoderne war ja, dass alle Interpretationen gleichwertig sind. Doch Postmoderne zu Ende gedacht heißt auch: Man kann nicht handeln, weil man in einem Meer von gleichwertigen Interpretationen stecken bleibt. Um handeln zu können, benötigt man eine Hierarchie von besseren oder schlechteren Möglichkeiten, von höheren und niederen Werten; die Postmoderne lehnt aber alle Hierarchien ab. Nun bestimmen aber Werte (und Ziele), was man in dem Meer von Phänomenen und in der Unendlichkeit möglicher Fakten wahrnimmt und fokussiert. Wir sind jeden

Moment umgeben von unendlichen möglichen Daten und Fakten. Doch unsere Werte und Ziele bestimmen, welche der unendlichen Daten der Gegenwart für uns unwichtig sind, und welche wenige wichtig sind; der Großteil ist für uns mehr oder weniger unwichtig.

Relativieren wir aber nun die Hierarchie der Werte, und sagen, es gibt kein oben und unten, so ändert sich unmittelbar auch unsere Wahrnehmung. Wir verlieren den Fokus, und das Ziel, unsere Aufmerksamkeit wendet sich dem Inneren zu und wir tauchen ein in unseren inneren Kosmos. Zu einem gewissen Grad ist es genau das, was in der Postmoderne geschah, das heißt, sie beleuchtete *erstmals* in der Geschichte des Menschseins die Komplexitäten des Bewusstseins (etwa in der Form der damals ‚neuen' Psychologie) sowie die Bedingungen des ‚Beobachters' per se … sei es eben in Psychologie oder Spiritualität, in Physik in Form der Relativitäts- und Quantenphysik, in der Biologie in Form des Konstruktivismus, in der Philosophie und Mathematik (man denke an Douglas Hofstatter) oder eben der Politik (was impliziert die Bürgerrechtsbewegung denn anderes als die Erkenntnis, dass jeder subjektive Beobachter, unabhängig von Rasse und Klasse, denselben Stellenwert hat?). *Wir wollen diese Hinwendung zum ‚Beobachter' hier als das systemische Paradigma der Postmoderne identifizieren.* Wir können alle Errungenschaften der Postmoderne auf dieses Paradigma zurückführen.

Doch jeder kulturelle Fortschritt (wie die Postmoderne an sich) erzeugt notwendigerweise immer seine Schatten und Probleme. Im Kontext dieser Innenwendung des Postmodernen entwickelte sich der dekadente B l i c k, der sich, von psychologischen Theorien durchtränkt, dem eigenen Bewusstsein widmet, ohne Ziel, und eine Problemstruktur nach der anderen findet. Weil der Blick auf nichts Konkretes gerichtet ist, problematisiert er sich selbst. Das Resultat: Das Paradigma des ‚Healings'. Wer nichts zu tun hat, beginnt die Nabelschau seiner eigenen inneren Probleme, die alle ad hoc verschwinden würden, wäre, wir sagten es schon, irgendwo ein Hafen in Sicht. Den gibt es aber nicht, weil dies eine Hierarchie von bevorzugten Häfen implizieren würde.

Tatsächliche (interne) Probleme, die im Vollzug eines Zieles und des Chaoskampfes auftauchen, sind tatsächlich Probleme, deren Lösung zur Erreichung der Ziele notwendig sind. Healing-Events, Traumata-Analyse und dergleichen sind nichts als eine Zeitverschwendung einer spirituellen Bequemlichkeitshaltung, die alle Ziele verloren hat und nicht weiß, was es eigentlich mit dem eigenen Bewusstsein anfangen soll. Wenn es einen Abgrund moderner Spiritualität gibt, so ist es diese Hölle. Denn der postmoderne Blick führt dazu, dass sich das eine Problem an dem anderen nährt. Healing findet niemals ein Ende, sowohl in der Nachfrage wie auch im Angebot. Dieser Kreislauf der Hölle, aus der man nicht herauskommt, weil eine Problembeschreibung zur Nächsten führt, und keine aus diesem Abyss hinaus, hat nichts mit der spirituellen Konfrontation mit dem Chaos, dem Tod und Wiedergeburt zu tun. Sie schmückt sich mit den Insignien der Spiritualität, und ist ihr doch vollkommen fremd. N i e m a n d wurde je durch Healing zur Erleuchtung geführt.

Ein weiterer Aspekt hängt damit zusammen: Da nach postmodernem Credo alle Interpretationen gültig sind, entwickelt sich notwendigerweise auch die Haltung, dass alle Wege der Weisheit gleich oder zumindest hinreichend ähnlich sind, so dass man sich bei ihnen wie auf einem Basar bedienen könne, um das herauszugreifen, was seiner Neigung oder Lust gerade am meisten entspricht. Und wiewohl da einiges wahres an dieser eben pluralistischen Haltung ist, muss doch entschieden formuliert werden, dass obwohl sich jede Weisheitstradition aus dem Chaoskampf speist, nicht alle Wege für uns heute noch gleich oder nützlich sind.

Zunächst haben wir den offensichtlich sozio-kulturellen Hintergrund, der bedingt, dass ein Weg in einer bestimmten Kultur zu einer bestimmten Zeit in einer bestimmten Lokalität gewachsen und vernetzt ist. Das heißt auch: Dieser oder jener bestimmte Weg ist n i c h t gangbar für jedes Individuum zu jeder Zeit. Zwar mag, wie durch *Osmose*, ein bestimmter Oberflächenteil der buddhistischen Lehre für den heutigen Westler verständlich sein, ein tatsächlich gangbarer Weg ist es für die meisten aber nicht. Man nenne mir die Anzahl von Westlern, die durch den buddhistischen Weg tatsächlich Erleuchtung fanden! Im Verhältnis zu allen spirituellen Sinnsuchenden und Probierenden muss sie gen Null tendieren. Warum sollten wir annehmen, dass der buddhistische Weg, entstanden vor einem vollkommen anderen sozio-kulturellen Hintergrund, heute dieselben Ergebnisse hervorbringt?

Man könnte proklamieren: Ich nenne diese Art der Spiritualität, die sich auf Komfort, Healing und auf inhaltliche Ambivalenz fokussiert, eine *d e k a d e n t e* Spiritualität! Wahre Spiritualität: ich kann sie heute als ein Versprechen sehen, als einen Hauch, der durch die Äonen zieht, manifest geworden in den Handlungen weniger

Einzelner. Sie taten etwas, was dem Dekadenten heute undenkbar erscheint. Sie waren bereit zu sterben in dem Willen, Selbst und Welt zu erneuern, auf die Gefahr hin, auf ewig im Abyss des Ungewissen zu ertrinken. Darin liegt eine Gleichung, die kein Spiritueller heute anzugehen oder zu lösen vermag. Sie – die Spiritualität – vermag insofern ein Ideal zu sein, etwas, an dem wir uns orientieren können, etwas, was wir tun könnten, wären wir nur ganze Menschen. Denn was ist Menschsein anderes, als Wollen zu können, das Unbekannte an sich zu konfrontieren, ohne Rettungsleine oder Wasser in der Einsamkeit der Wüste.

Daher ist die Spiritualität nur für den ganzen Menschen, einem, der sich schon gefunden hat und bereit ist, das Gefundene wieder aufzugeben. Jemand, der so stark ist, um auf sich selbst zu verzichten … das Höchste aller Opfer! Doch all ihr Guru-Anhänger und Leidende am Selbst: Ihr seid noch gar nicht ganz! Wie wollt ihr auf euch verzichten können, wenn ihr euch gar nicht kennt? So benutzt ihr Spiritualität als ein Spielzeug statt einem Werkzeug. Werdet also Handwerker der Seele!

§ 8

Um unseren Überlegungen in Bezug auf die Postmoderne und der zeitgenössische Spiritualität etwas gegenüber zu stellen, möchte ich ein paar Bemerkungen über die spirituelle Praxis, basierend auf einem tiefer blickendem Verständnis der kognitiven Maschinerie und einer post-postmodernen Geisteshaltung, anfügen. Dies wird freilich ganz und gar spekulativ sein, denn nur die Zeit wird zeigen, in welche Richtung sich Spiritualität selbst entwickeln wird. Doch es gibt einige interessante Aspekte, die für diese Spekulation sprechen.

Der erste Aspekt – oder besser gesagt: die erste Annahme – liegt in der Tatsache, dass sich religiöse Spiritualität mit den Jahrtausenden nach und nach ihrer Kleider entledigte und freilegte, was am Kern der Erfahrung der Transzendenz liegt. Wir entwickelten uns von einer prärationalen Geisteshaltung, vermittels derer wir kognitive Formen nach außen projizierten, zu den Religionen mit ihren mythologischen Narrativen, zu einer zeitgenössischen Spiritualität, die sich durch eine Entkopplung von religiösen Praktiken und ihren entsprechenden Weltsichten und Narrativen zu einer Pluralität der Techniken und Praktiken entwickelte, hin zu einer Psychologie, die fähig war, die nach außen projizierten Inhalte zurück in den Geist zu verlegen. Da ist eine klare Entwicklung und eine Zunahme der Komplexität in Bezug auf die Spiritualität zu beobachten.

Die zweite Annahme liegt in der entwicklungspsychologischen Tatsache, dass das, was wir als die Nach-Innen-Wendung der Postmoderne und die Regeln des sich selbst beobachtenden Beobachters genannt hatten, mit der Postpostmoderne *in Handlung überführt werden kann.* Während das postmoderne Individuum noch in der Komplexität seines eigenen Kosmos umherdriftet, so weiß das post-postmoderne Individuum exakt, was es mit dieser Komplexität tun kann. Wenn es irgendetwas gibt, was die Entwicklungspsychologie gezeigt hat, dann ist es die Tatsache, dass die sich nacheinander entwickelnden Stufen psychologischen Wachstums auch immer mit der sich steigernden Fähigkeit einhergehen, größere kognitive Komplexitäten zu verarbeiten und die

Maschinerie des Geistes besser zu verstehen; ich spreche hier also nicht so sehr von Ethik, Weltsichten und Wertsystemen, wobei auch die sich mit geistiger Reifung entwickeln, sondern über die geistigen Komplexitäten des Selbst-Begreifens.

Es kann hier etwa verstanden werden, unter welchen kognitiven Bedingungen gewisse spirituelle Praktiken funktionieren, oder warum sie unter gegebenen Umständen eben fehlschlagen. Das heißt, wenn die geistigen Voraussetzungen, die Transzendenz an sich ermöglichen, verstanden werden, wenn *also* die kognitiven Regeln der Transzendenz integriert werden, dann können die äußeren Hüllen der Praktiken abgelegt werden. So wie die Postmoderne das religiöse Weltbild von den Praktiken entkoppelte, entkoppelt eine post-postmoderne Spiritualität die Praktik von dem kognitiven Prozess der Transzendenz.

Wie sieht dieser Prozess aus? Wir haben bereits die Grundlagen für ein angemessenes Verständnis gelegt. Wir wissen, generell gesprochen, dass die Ordnungen und Strukturen, die wir kognitiv erzeugen – sei es in Bezug auf Sinn, Bedeutung oder Deutungen – nicht aufrechterhalten werden können. Sie müssen dem Chaos zum Opfer fallen. Wir können stets versuchen, die alten Strukturen neu zu errichten und damit unseren bekannten Sinn, Bedeutung und unsere bestimmte Selbst- und Weltsicht aufrechtzuerhalten. Oder aber wir können das Chaos affirmieren und damit graduell immer mehr die Strukturen von Selbst, Welt, Bedeutung, Sinn etc. zu dekonstruieren, bis wir die Leere und schließlich das Chaos selbst erlangen. Dies wird in jedem Fall einige Zeit in Anspruch nehmen. Doch jeder Akt, internal die

Selbst- und Weltstrukturen zu dekonstruieren, ist ein Akt der Transzendenz.

Oder, aus einer anderen Perspektive: Freiheit heißt, die Konstrukte loszulassen, um die eigene Erfahrung in eine neue Form von Willen zu synthetisieren um aus dem Chaos eine neue Form zu erzeugen. Erlangung oder Erleuchtung heißt letztlich nichts anderes als mit dieser ewigen Dichotomie zu spielen, nämlich von Ordnung und Chaos, von Konstruktion und De-Konstruktion. Und das Mittel, wie wir gesehen haben, dies zu tun, ist Wille.

Was gestern Sinn und Bedeutung erzeugte, wird nicht notwendigerweise auf dieselbe Weise auch morgen Sinn ergeben, denn die Zukunft bringt stets neue Elemente mit sich, die in dem Sinnbildungsprozess von gestern noch nicht enthalten waren. Wenn wir sagen, dass wir Sinn-bildende Lebewesen sind, so bedeutet dies, dass wir Sinn konstant bilden müssen, immer wieder aufs Neue, und wir müssen das Chaos umarmen um unseren Sinn immer umfassender bilden zu können. Gastfreundschaftlich dem Chaos gegenüber zu sein ist die Grundvoraussetzung für Wachstum und Reifung.

Was sind die großen drei Techniken – G l a u b e, H o f f n u n g und L i e b e – der christlichen Weltsicht dann aber anderes als eine Weise, Komplexität und Chaos zu binden? Das Chaos, in dem ein dort hinein projizierter mythischer Gott unverständliche Wege bereithält: Die großen Drei erscheinen dann als teritäre Anthropotechniken, mit der es weniger um jenen Gott an sich geht, sondern darum, dass das, was unerwarteterweise geschieht, irgendwie Sinn ergeben muss, damit Existenz selbst Sinn ergibt. Es spielt nicht so sehr eine Rolle, dass man Gottes Wege erkennt oder auch nur versteht, sondern nur, *dass* es Gottes Wege in dem Unergründbaren gibt. Das ergibt psychologische Sicherheit, indem das Unerwartete eingerahmt und kategorisiert werden kann: notwendige Disposition zur Stressreduktion. Die Welt kann nur verständlich sein, wenn in ihr eine Ordnung zugrunde liegt, die wir noch nicht sehen können, und womöglich niemals sehen können werden. Aber wir können darauf vertrauen, dass das, was geschieht, wie von einem gütigen Vater gegeben, zu unserem Besten, und das heißt: für unser Seelenheil und für die Verwirklichung des christlichen Ideals, notwendig ist.

Doch da ist eben eine vierte Strategie, Chaos und die Komplexität der Zukunft zu binden, und dies ist Wille. Wir Postmodernen, die allzu häufig in der Komplexität unseres Innenlebens verlorengehen, die wir sinnieren über die Frage, was wir wirklich wollen, und was gewollt werden kann, wir brauchen die Medizin des Willens, um zu lernen, das Unbestimmbare in das Bestimmbare zu überführen, aus dem stets anders möglichem das Gewisse zu tun, selbst oder gerade, weil wir wissen, dass dieser Wille selbst willkürlich, und immer anders möglich ist. Wenn es eine psychologische Krankheit der Postmoderne gibt, so ist es diese Angst, diese Unfähigkeit zur Entscheidung; nicht protestieren, sondern verändern; nicht lamentieren, sondern tun; nicht in Möglichkeiten ertrinken, sondern zielorientiert handeln. Freud, Jung, Adler und Reich haben Großes geleistet, indem sie uns Begriffe und Methoden zur Verfügung stellten, den inneren Kosmos zu erkunden und zu verstehen. Doch als quasi postmoderne Wissenschaft kann die Psychologie nur soweit gehen: Das Individuum muss selbst lernen, das Steuer in die Hand zu nehmen und einen Hafen anzusteuern; irgendeinen Hafen! Es muss psychologische Komplexität in die Form gießen! Und wenn es irgendeine kulturelle Form geben kann, die eine Entwicklung des Willens anregt und anregen kann, so ist es die spirituelle Lebensform, die von ihren postmodernen Defiziten befreit ist.

Was wären wir denn ohne diesen Willen zur Welt, diesen Willen zum Selbst, diesen Willen zur Transzendenz? Sind wir nicht geworfen in diesen Zusammenhang von Selbst und Welt, den wir, unserem Willen zufolge von Moment zu Moment verändern? Ist es nicht der Wille, der unsere Erwartung richtet, und sind es nicht wir, die enttäuscht nach innen oder außen blicken, wenn der Kosmos die Frechheit besitzt, unserem Willen nicht zu entsprechen? Und doch, ist sein Widerstand nicht eine notwendige Ursache, unseren Willen zu fokussieren. Ist nicht jedes Problem und jedes Hindernis ein Resultat unseres W i l l e n s und damit die *Ursache* für die Problemlösung?

In dieser Hinsicht ist das Hindernis das erste notwendige Resultat des Willens auf dem Weg zu seiner Verwirklichung. Und kann es einen Willen ohne das nötige Hindernis geben? D ü r f e n wir überhaupt von Wille sprechen, wenn durch ihn nicht Widerstände hervorgerufen werden? Mir scheint, als wäre ein Wille ohne Widerstand kein Wille, sondern ein reines Treiben, ein vegetatives geschehen-lassen, eine Haltung gegen unsere Natur, eine Idee, auf die nur die Vegetarier der Seele kommen können. Unser Wille ist das, was über uns selbst hinausgreift, seine Hand in das Chaos senkt und neue

Formen hervorbringt. *Dies* ist unser Wille. Dies heißt es, Mensch zu sein. Dies heißt es, zu schöpfen.

Was wären Hindernisse, wenn sie uns nicht zur Veränderung motivieren, um unseren Willen zu verwirklichen? Denn unser Wille findet sich in erster Iteration am Hindernis. Laden wir also nicht mit unserem Willen das Chaos ein, um die Bedingungen unseres Willens zu vervollkommnen? So betrachtet rufen wir mit unserem Willen das Chaos selbst hervor, welches notwendig ist, die alten Strukturen aufzulösen und zu verändern, damit wir die Hindernisse überwinden, die zur Verwirklichung unseres Willens notwendig sind. Unser Wille bringt Probleme hervor, von denen wir nicht einmal ahnen, dass wir sie haben.

§ 9

Um deutlich zu machen, dass das Thema der Spiritualität als komplexes Thema auch mittlerweile die feinsten Geister unserer Zeit zu beschäftigen vermag, will ich hier in einem kurzen, skizzenhaften Exkurs die prominentesten Überlegungen der letzten Jahre zur Spiritualität erwähnen. In gewisser Weise strebten all diese Autoren, auf die eine oder andere Weise, dahin, die Spiritualität von ihrer postmodernen Inkohärenz zu befreien.

Ich entlieh den Begriff der Anthropotechnik von *Peter Sloterdijk*, der damit ganz allgemein menschliche Selbstformungstechniken beschrieb. Der Mensch, nach seiner Fassung, ist ein autopoietisch agierender Athlet, der sich selbst verbessert, um die Ausgangsbedingungen der nächsten Übungseinheit zu verbessern. Sloterdijk versteht die Heiligen und Gurus und spirituellen Lehrer insofern als Athleten, die sich z.B. von den Sportlern nur hinsichtlich ihrer Trainingsmethoden unterscheiden; wenn man also im Osten versuchte, lange auf einem Bein zu stehen oder im Westen, alle unabhängig ihrer Charaktereigenschaften zu lieben, so unterschied sich der seltene Einzelne, dem dies für einen Moment gelang, strukturell nicht von einem Carl Lewis oder Roger Federer, die jeweils als einsame Ausnahmeerscheinungen an der Spitze ihrer eigenen Kompetenzhierarchie verweilen. Die spirituellen Athleten und Hochseilakrobaten haben den Profanen vorgemacht, was man erreichen kann, während diese dann das ‚kleine Akrobatikum' erhalten, wenn sie zugeben können, dass ihnen schon beim Zuschauen schlecht wird. Sloterdijk ist sich des postmodernen Dilemmas durchaus bewusst, dass Hierarchien nivelliert werden; spirituelle Kommunen werden zu einer Gruppe von Halbwissenden. Hierarchien werden eingeebnet, alles soll horizontal organisiert werden. Daher plädiert er für eine innere Vertikale, und sei es in der Weise, dass man sein Leben ändern muss, bedingt durch das Wissen, dass wir in der Zukunft und mit den zukünftigen Versionen unseres Selbst verhandeln müssen. Im Übrigen kümmerte sich Sloterdijk nicht um die mannigfaltigen Zustände der Henosis, die er, aufgrund seiner eigenen Erfahrungen in Indien, durchaus anerkennt; eine konkrete Entwicklungspsychologie seines Athletentums hatte er nie die Absicht vorzulegen.

Ken Wilber, gewissermaßen der große amerikanische Gegenpol zu Sloterdijk, unternahm diesbezüglich in seiner Integralen Spiritualität den Versuch, die Spiritualität zu psychologisieren und durch die Wissenschaft der Entwicklungsstufen der Psyche zu legitimieren; er zeigte, dass die höchsten Entwicklungsstufen des Geistes letztlich mit den angestrebten Zielen religiöser Spiritualität konvergieren. Gleichzeitig umschiffte er elegant die Frage, welche Bedingungen und Möglichkeiten, ja welche Funktion der Spiritualität innewohnt, als sie vor vielen tausenden Jahren erstmals auftauchte; seine Theorie wirkt dem Anspruch nach ganzheitlich, ist es aber nicht. Ihm fehlt das Sloterdijk'sche Tiefenmikroskop für die kulturellen Anfänge der Menschheit. Wilber schaute in teleologischer Manier auf die Zukunft, und nicht die Vergangenheit, er entdeckte die höchste Potenziale, die wir erklimmen können, aber nicht die archaischen Wurzeln unseres Bewusstseins, durch die so ein Streben überhaupt möglich wird.

Im Vergleich dazu verfolgte *Roger Walsh* in seinem Buch ‚Essential Spirituality' einen eher deontologischen Ansatz, indem er eine Art vergleichender Religionswissenschaft betrieb und zu sieben Kernpraktiken oder Aufforderungen kam, die kulturübergreifend ähnlich oder gleich sind, wie etwa die Regel: ‚cultivate emotional wisdom – heal your heart and learn to love'. So unterschiedlich die einzelnen Traditionen in ihrer Struktur und Programm auch sind, kann doch einiges an Wert aus diesem synkretistischen Ansatz gewonnen werden; und doch untersuchte Walsh nicht, dass die Spiritualität eine evolutionäre Überlebensfunktion für den Menschen bot, dass sie eine fortlaufende Geschichte hat und dass Spiritualität ihre Funktion heute nur dann erfüllen kann, wenn wir uns dieser evolutionären Funktion bewusst werden: Er fragte nicht, wozu sich diese Techniken und

Praktiken überhaupt entwickelt haben und aus welchen Nährboden sie erwachsen.

Sam Harris verfolgte in seinem Buch ‚Waking up' demgegenüber einen gänzlich pragmatischen Ansatz, entledigte die Spiritualität jedes Aberglaubens und jedes irrationalen Ansatzes, unterstrich gleichzeitig den Wert bestimmter Praktiken wie etwa Meditation, nicht nur in Bezug auf Wellness und Entspannung, sondern um zu lernen, sich von dem Zirkel der Bedürfnisse und Gedanken zu befreien. Er erkannte klar das pragmatische Ziel der Spiritualität, nämlich sich von der Illusion des Selbst zu befreien, und zwar vollkommen unabhängig von irgendeiner Ideologie, die den Traditionen anhängen. Es ist ein ganz und gar atheistischer, rationaler Ansatz, der seine Legitimation aus der Psychologie und Neurologie zieht. Und doch mussten ihm gerade aufgrund dessen eine bestimmte Tiefe der spirituellen Erfahrung verborgen bleiben.

Und schließlich muss der Philosoph *Thomas Metzinger* erwähnt werden, der in seinem einflussreichen Essay über intellektuelle Redlichkeit als Sonderfall des spirituellen Lebens oder der spirituellen Einstellung einem rein ethischen Programm folgte. In gewisser Hinsicht traf Metzinger den ganzen Kern der Angelegenheit, als er schrieb, dass es bei der spirituellen Erfahrung nicht um die Bewusstheit als solche gehe; es gehe nicht um Wahrheit in Sinne der richtigen Theorie, sondern um eine bestimmte Praxis; es gehe auch nicht um gedankliche Einsichten oder Therapie, sondern um eine radikale, existenzielle Form der Befreiung durch Selbsterkenntnis. Spirituell zu leben sei ein ethisches Unterfangen, als integre Person seine inneren Werte mit der äußeren Welt in Übereinstimmung zu bringen.

Jeder dieser Ansätze bringt Licht in das komplexe Phänomen der Spiritualität. Es ist, so zeigt sich auch hier, ganz deutlich, dass wir noch nicht wissen, was die Spiritualität eigentlich ist, dass wir immer noch versuchen, ihre Grenzen, ihre Struktur, ihre Möglichkeiten und ihre Funktion zu entdecken. Dass es sich jedoch um ein vitales gesellschaftliches System mit einer besonderen Funktion und einem evolutionären Anliegen handelt, kann kaum bestritten werden.

§ 10

Da ist kein offensichtlicher Grund, warum sich so etwas wie menschliches Bewusstsein überhaupt entwickeln sollte; auch der theoretische Stand der Dinge ist vollkommen unklar. Unter den vielen Geheimnissen, die unser Dasein kennzeichnen, scheint mir dies doch eines der faszinierendsten: Warum geschah es, dass sich die Menschen vor vielen Tausend Jahren zu symbolisch denkenden Wesen erhoben und Kunst und Technik, und Ethik und Spiritualität zu entwickeln begannen. Warum wurden wir uns der Gegenwart, der Zukunft und unseres unausweichlichen Todes bewusst?

Unter den vielen Hypothesen, die heute zirkulieren, um das Auftauchen des Bewusstsein aus neurologischen, sozialen und anderen Faktoren zu erklären, scheint mir eine besonders interessant, nämlich das psychedelische Substanzen als eine Art Katalysator für die Emergenz und das Auftauchen zum symbolischen Denken fähigen

Bewusstsein mitverantwortlich waren. Eine dieser Hypothesen basiert auf der Erkenntnis, dass unser Gehirn vor etwa 200.000 Jahren rapide an Größe zugenommen hat; das Wachstum des Gehirns hängt nun auch von dem Hormon Serotonin ab, welches eine zentrale Rolle bei der psychedelischen Erfahrung spielt. Wäre es also möglich, dass die Jäger und Wanderer in der Savanne immer und immer wieder psychedelische Pilze konsumierten, nicht nur, weil es sie kreativer und mutiger machte (wir wissen etwa, dass die Wikinger vor ihren Feldzügen Pilze nahmen, um sich in Wölfe und Bären zu verwandeln, um so ihren Feinden Angst und Schrecken einzujagen), sondern weil sie den Serotoninhaushalt und ihre zerebrale Evolution anregten? Ob diese Substanzen als eine Art Katalysator für unsere Entwicklung dienten wurde auch von vielen Anthropologen untersucht, die etwa bemerkt hatten, dass das Auftauchen von prähistorischer Höhlenkunst sehr häufig mit der Darstellung der ‚heiligen' Pilzen koinzidierte. Es war Gerardo Reichel-Dormatoff, der erklärte, dass alle Kunst in den archaischen und schamanischen Kulturen letztlich auf der halluzinatorischen Erfahrung basiert, und während wir den genauen Einfluss dieser psychoaktiven Substanzen nicht bestimmen können, so können wir zumindest das Argument machen, dass sie offenbar *irgendeine* Rolle bei unserer Entwicklung gespielt haben.

Wie dem auch sei, die Frage nach dem Zusammenhang von psychedelischen Substanzen, Wachstums des Gehirns, Kunst, der halluzinatorischen Erfahrung, und dem auftauchendem Bewusstsein lässt sich heute freilich nicht einwandfrei klären. Was sich aber klären lässt, ist nicht nur die Tatsache, dass psychedelische Substanzen das spirituelle Streben und religiöse Leben schon seit Millennien begleitet hat – man denke nur an die psychedelischen Substanzen, die im schamanischen, hinduistischen, buddhistischen und im judeo-christliche Kontext rituell verwendet wurden – sondern wir wissen auch um die Rolle, die sie während der Kulturrevolution der 60er des letzten Jahrhunderts gespielt haben. Kann man die 60er, wie sie in ihrer Form auftraten und die ja klare spirituelle Untertöne hatte, überhaupt ohne die Schwemme von psychedelischen Substanzen denken, der sich die Kultur damals ausgesetzt sah? Wenn es eine vordergründige Wirkung dieser Substanz gibt, ist es dann nicht die, dass sie jene naiv-realistischen Vorstellungen der Wirklichkeit, wie sie noch in den 50ern Ausdruck einer modern-kapitalistischen Entwicklungsstufe war – man denke nur an die bürgerlichen und materiell aufgestellten Lebensentwürfe der Amerikaner sowie den Versuch der Europäer, nach den Kriegsjahren zunächst zu einer Art Stabilität zurückzukehren – auf gravierende Weise unterläuft. Zeichnete sich die Postmoderne nicht auch dadurch aus, eine relativistischere Weltsicht zu propagieren, in der alle Interpretation gleichermaßen gültig sein konnten und in der ein subjektiv-konstruktivistischer Ansatz der Vorstellung einer wirklichen Wirklichkeit als solcher vorzuzuziehen sei.

Irgendeine Rolle mussten die psychedelischen Substanzen während dieser Kulturrevolution und dem Auftauchen einer neuen Entwicklungsstufe des Bewusstseins gespielt haben, welche Rolle das nun sei. Systemisch betrachtet treten Phänomene letztlich nie unabhängig voneinander auf; es stellt sich also nur die Frage, *welchen* Einfluss sie hatten, nicht, ob sie einen hatten. Doch der

Gedanke liegt nicht fern, dass sie als eine Art Katalysator dienten, die von den Philosophen, Literaten, Wissenschaftlern und Künstlern hervorgezwungene neue Kulturepoche namens Postmoderne global umzusetzen. Selbst Jean Paul Sartres Wirken ist bekanntlich von Meskalin beeinflusst gewesen.

Was wäre heutige Spiritualität, postmoderne Spiritualität, ja die Postmoderne selbst, ohne den gravierende Einfluss, die die Psychedelika auf die 60er hatten? Wäre ein so flächendeckend auftauchendes, relativistisches und pluralistisches Bewusstsein ohne psychedelische Substanzen überhaupt denkbar gewesen? Es scheint schwer vorstellbar. Was also, wenn diese postmoderne Stufe der Entwicklung von Geist und Kultur auf ähnliche Weise durch psychedelische Substanzen katalysiert wurde wie das Auftauchen des höheren Bewusstseins viele Tausende Jahre früher? Wenn es nicht das erste Mal in unserer Geschichte war, dass psychoaktive Substanzen aktiv an der Mitgestaltung einer ganzen Entwicklungsstufe des Bewusstseins beteiligt waren. Wir wissen, dass sie eine große Rolle in der Kulturrevolution spielten und dabei, die postmoderne Weltsicht mit zu verbreiten. Wir wissen, dass sie Teil der rituellen religiösen Kultur aller Weisheitstraditionen waren. Wäre es nicht denkbar, dass ihr Gebrauch viel weiter in der Zeit zurückgeht und für das Auftauchen des symbolischen, zur Kunst fähigen Bewusstseins mitverantwortlich sind? Wer hat schon einmal die Wände der Höhlen von Lascaux betrachtet und nicht bemerkt, dass die Bilder merkwürdig psychedelischen Charakter haben?

Woher kommt die über die Millennien beständige Neigung des Menschen, religiöse Erfahrung mit psychedelischen Substanzen zu verbinden? Woher der Mut des Einzelnen, diese Substanzen, die die eigene Weltsicht zielorientiert unterlaufen, immer wieder auszuprobieren? Was ist es an dieses Substanzen, was ihre Attraktivität für das spirituelle Bewusstsein ausmacht – sowie offenbar für die begleitende Kultur, die immer wieder und ganz offensichtlich Wege bereitgestellt hat, den Raum für solche Erfahrungen zu öffnen. Was wird – aus einer evolutionären Perspektive – als eine weitere Anthropotechnik durch sie gewonnen?

Um dies zu beantworten, müssen wir fragen, was genau bei der psychedelischen Erfahrung geschieht? Was ist der größte gemeinsame Nenner dieser Substanzen? Obwohl es klar ist, dass die Effekte je nach Person, Dosis und nach Substanz variieren, so wollen wir doch nach dem gemeinsamen Element von solchen Substanzen wie Pilzen, LSD, Meskalin, DMT fragen. Denn sie gehören alle in dieselbe Familie der Halluzinogene.

Im Gegensatz zu den Barbituraten scheinen die Halluzinogene die ‚normale' und alltägliche Wacherfahrung zu dekonstruieren sowie eine Konfrontation mit dem eher chaotischen Bereich der menschlichen Erfahrung anzuregen. Da ist ein Aufbrechen der alltäglichen Kognitionen, und damit gleichzeitig ein Offenbar-Werden oder ein Hinzukommen von kognitiven Tiefenstrukturen, die ungebunden, sowohl Schreck als auch Freude auslösen können, je nach Veranlagung des Probanden. Diese offenbar-werdenden Tiefenstrukturen beziehen sich auf die Welt – oder konkreter: unsere subjektive Weltkonstruktion – als auch auf unser Selbst. Was vorher als bestimmt hingenommen wurde, wird aufgebrochen. Wenn etwa das Schuhe schnüren im Alltagsbewusstsein

ein automatisierter Prozess ist, wird es unter dem Einfluss der psychedelischen Substanz zu einer Herkules-Aufgabe, da der Prozess in seine Komponenten zerlegt wurde. Je höher dosiert, umso unmöglicher scheint es, die Tiefenstrukturen zu binden.

Es ist, mit anderen Worten, ein Aufbrechen dessen, was geordnet ist, und eine Einladung des Chaos, was stets die Möglichkeit eines Einheitsbewusstseins mit sich bringt, in dem die Elemente nicht mehr separate Einheiten, sondern netzwerkartig miteinander verbunden sind, in dem das eine nicht ohne das andere möglich ist. Wenn die Theorie von Baudrillard über das Zeichen stimmt, nämlich das man das eine Zeichen nicht denken kann, ohne simultan alle umgebenden Zeichen zu involvieren, weil es nur dadurch seine Bedeutung erhält, dann gilt dies auch für kognitive Elemente. Wir neigen dazu, von einem Gedanken oder einer Vorstellung als separaten Einheiten zu sprechen, wo es in Wirklichkeit als eine Einheit durch seinen Hintergrund umgebender Elemente definiert wird. Man denke beispielsweise an ein Loch in der Wand. Dieses Wechselspiel zwischen Einheit und Hintergrund ist, wie viele System-Theoretiker gezeigt haben, eine gute Weise zu demonstrieren, wie unsere Kognition funktioniert. Doch wenn man psychedelische Substanzen mit in die Gleichung bringt, so wird die stabile Differenz von Einheit und Hintergrund dekonstruiert, verliert seine Kohärenz, während man zur selben Zeit fähig wird, die wechselseitige Beziehung von allen kognitiven Elementen zu beobachten.

Dies ist der Grund, warum viele, wenn nicht alle, Weisheits-Traditionen psychedelische Substanzen verwendeten, nämlich um dieses Einheitsbewusstsein zu erzeugen.

Wie die spirituellen Praktiken ermöglichen sie die Dekonstruktion der Selbst- und Weltstrukturen wie auch Henosis selbst ... zumindest für Zeit, in der die Substanz wirkt. Sie geben dem Studenten einen Sinn dafür, was möglich ist, wie eine Anregung, die Strukturen des Ego aufzubrechen.

Doch da ist noch ein anderer Grund, warum diese Substanzen immer und immer wieder genutzt wurden. Und dies ist, weil sie den Studenten ins Chaos und den symbolischen Tod werfen. Und man darf dies nicht unterschätzen: Dies ist gefährlich und schmerzhaft. Man muss mutig sein, um sich auf diese Reise zu begeben, und der Student muss lernen und erfahren, was es bedeutet, wenn die alten subjektiven Strukturen des Selbst und der Welt überkommen werden können, und das er selbst wiedergeboren werden kann. Ohne einen chemischen Katalysator kann und wird diese essenzielle Erfahrung des Todes und der Wiedergeburt, der Dekonstruktion und der Henosis, für viele spirituelle Studenten unerreichbar bleiben, weil sei keine Konzeptionen davon haben, was dies bedeuten könnte, oder weil ihr Wille zu schwach ist.

Merkwürdigerweise, und dies zeigt einmal mehr den paradoxen Charakter heutiger Spiritualität – die versucht, alles zu integrieren, ohne zu verstehen, was dies an sich bedeutet –, wird die Praxis der psychedelischen Reise von der postmodernen Spiritualität weitestgehend abgelehnt. Das Argument lautet: Solche (von den Substanzen eingeleitete) Zustände sollten auch durch normalere Praxen wie Meditation erreichbar sein. Hier kommt das völlige Unverständnis des Potenzials und der Aufgabe dieser Substanzen zum Ausdruck, und eine grundlegende

Unkenntnis über ihre psychologischen Eigenschaften. Die primäre Sinn der psychedelischen Substanz liegt n i c h t in der mystischen Erfahrung, sondern darin, den Probanden an das Chaos heranzuführen. Denn unsere natürliche Neigung liegt darin, dies zu vermeiden; ja, unsere ganze Sozialisation besteht darin, Wälle gegen das Chaos aufzubauen. Wir haben eine Neigung, uns gegen das Chaos zu stabilisieren. Psychedelische Substanzen ermöglichen primär diesen Zugang, und reißen die Wälle des Bekannten nieder. Und aus gutem Grund versucht Gesellschaft diese Erfahrung zu limitieren.

§ 11

Was ist dann Erleuchtung? Können wir eine Begrifflichkeit finden, die aus unseren bisherigen Überlegungen hervorgeht – die in diesem Sinne biologisch oder psychologisch begründbar ist, und die nicht einfach eine weitere idiosynkratische Beschreibung der spirituellen Pop-Kultur ist? Folgt man unseren bisherigen Argumenten, können wir Erleuchtung als nichts anderes verstehen als die kontinuierliche Anwendung der beiden spirituellen Kerntechniken von Chaoskampf und Selbstopfer. In dieser Noetik meint Erleuchtung daher eben auch: Sich dem Chaos hingeben zu können wie auch, stets neues Formen aus dem Chaos kondensieren und verwirklichen zu können. Denn: Wie Spiritualität ist Erleuchtung kein Ding an sich, sondern etwas, was wir tun.

Nun wissen wir aber, dass Erleuchtung in Form eines alles-umfassenden, alles durchdringenden, alles integrierenden Bewusstseins das ist, was geschieht, wenn wir diese beiden Kerntechniken angemessen anwenden.

Wenn wir jedoch Erleuchtung auf diese pragmatische Weise betrachten, können wir ein paar Probleme adressieren, die mit einem prämodernen und postmodernen Verständnis dieses Konzeptes einhergehen. Beginnen wir mit einer Metapher: Wir müssen erst das Pferd besteigen und reiten lernen, bevor wir eine Form von Flow erfahren können. Ich würde nun argumentieren, dass vergleichsweise nicht nur der Flow den Zustand der Erleuchtung kennzeichnet, sondern der ganze Prozess, der mit dem Entschluss, aufs Pferd zu steigen, beginnt. Um Flow zu erreichen, muss man kontinuierlich das Chaos konfrontieren und sich aufopferungsvoll der Technik hingeben. Erleuchtung hat nämlich keinen Sinn, wenn nicht die banalsten und profansten Handlungen davon betroffen wären. Sie beginnt in dem Einfachen, in der bewussten Hinwendung zum Chaos, in dem ersten Selbstopfer, und sie mag in einer klimaktischen Ekstase enden; doch sie nur auf Letzteres zu begrenzen wäre ein Fehler. Erleuchtung ist eine Weise des Handels, die aus jedem Unternehmen ein quasi mystisch-sexuelles Unternehmen, eine chymische Hochzeit macht. Erleuchtung ist ein Prozess, keine Sache.

Denn der ganze Punkt ist, dass wir Menschen nicht in einer romantischen Welt leben, wo stets und immer alles funktioniert. Wir müssen mit uns kämpfen, liegen im Krieg mit uns selbst, um die Probleme zu lösen, die wir selbst erschaffen haben, um zu wachsen. Doch nach Henosis zu streben ist ebenso problematisch wie nach Glück selbst. Denn dies funktioniert nicht. Stattdessen können wir tun, was uns bevorsteht, und dies so gut wie möglich. Manchmal werden wir Henosis erreichen. Doch selbst wenn nicht, haben wir das Chaos konfrontiert, haben wir uns geopfert, und haben gelernt, und sind gewachsen: Manchmal ist dies wichtiger als die Erfahrung der ekstatischen Henosis selbst. Manchmal müssen wir kämpfen, um uns zu entwickeln. Jeder Guru, der sich diesem steten Kampf verweigert und behauptet, er sei kontinuierlich in dem Zustand, sollte gemieden werden wie ein Pestherd. Denn wenn Erleuchtung bedeutet, dass aller Kampf endet, dann hat es buchstäblich und von einem evolutionären Standpunkt her keinen Wert. Es hätte sich historisch auch nie entwickelt. Dieser postmodern-spirituelle Romantizismus beraubt jedem die Chance, zu wachsen. Daher ist es ethisch besser, sich auf die Techniken zu konzentrieren anstatt auf einen romantischen Geisteszustand.

Wenn die postmoderne Spiritualität uns von der Doktrin religiöser Weltsichten befreite, so wird eine post-postmoderne Spiritualität uns von der Doktrin der Glücks befreien, und der Gläubigkeit an bestimme Verfahren. Die Lehre, die aus all dem zu ziehen sein wird ist, dass eine Spiritualität nach der Postmoderne sich weder Ideologien noch bestimmter Methoden bedienen muss oder sich durch solche zu definieren bedarf. Spiritualität heißt, wenn alle kulturelle Formen abgestreift wurden, dann vor allem zweierlei: Konfrontiere das Chaos, und opfere dich selbst. Jede ‚Technik', jede Verfahrensweise, die diese beiden Kriterien erfüllt, ist notwendigerweise spirituell. Ein Handwerker, ein Schreiner, der diese beiden Aspekte in seinem Tun berücksichtigt, beherzigt eine so eine a u f g e k l ä r t e Spiritualität weitaus mehr, als jemand, der regelmäßig meditiert und sich dabei weder dem Chaos aussetzt noch sich opfert.

Nicht die Technik ist entscheidend, sondern, dass man im Geiste verstehen kann, was Existenz, und In-der-Welt-Sein bedeutet: Jedes Verhalten dient der Evolution, die ein Ausdruck des Erkenntnis ist, sich selbst im Chaoskampf zu opfern. Jede Form von Wachstum und Entwicklung/Evolution kommt genau dadurch zustande. Jede Reifung als Mensch und als Kultur ebenso, wenn diese Weisen berücksichtigt werden.

§ 12

Die eigentliche Frage, die sich uns am Anfang stellte, war die, warum uns die Spiritualität in ihren vielen Erscheinungsformen seit dem Anbeginn unserer Zeit als Mensch begleitete. Dies ist keineswegs offensichtlich, und höchst faszinierend. Ebenso könnte (und muss) man fragen, warum die Kunst uns begleitete … woher also kommt diese Neigung zum spirituellen, oder zum künstlerischen Leben? Wir haben versucht, diese Neigung auf gewisse Aufgaben und Architekturen im Geiste zurückzuführen. Bewusstsein ist primär. Jedes soziale Phänomen des Heiligen konnte nur gewisse Bewusstseinsstrukturen verstärken. Bewusstsein ist dabei nicht nur ein Ding an sich, sondern kann nur in Bezug auf grundlegende Anthropotechniken verstanden werden, die mit ihm einhergehen, nämlich Kunst, Technik, Ethik und eben das Geistige. Mit dem Bewusstsein selbst entstehen diese Handlungsdomänen, die sich mit der Zeit weiter ausdifferenzieren.

Wir konnten mutmaßen, dass Spiritualität geboren wurde aus dem Druck, sich gegen Zukunft Tod, Schrecken, Leid und Komplexität zu schützen; wir sahen Spiritualität als eine Leidbewältigungstechnik. Doch obwohl dies der Impetus gewesen sein mag, können wir jetzt klarer sehen, dass das eigentliche Ziel der Spiritualität in der Erschließung und Steuerung des psychischen Binnenraumes lag, in dem Versuch, sein eigenes Zustandekommen nicht nur zu erkennen, sondern praktisch umzusetzen.

Mit anderen Worten: Ich bin der Ansicht, dass sich eine Deutung der Spiritualität finden lässt, die allgemein, abstrakt und komplex genug ist, um alle Iterationen und Phänomene des schamanischen, frühreligiösen, religiösen, kultischen, mythischen, esoterischen und ‚spirituellen' Lebens deuten und verstehen zu können. Spiritualität ist, neben Kunst, Technik und Ethik, eine jener grundlegender Handlungsdomänen oder Anthropotechniken, die mit dem menschlichen Bewusstsein auftauchen und in dieser Hinsicht einmalig sind.

Es scheint, dass jede dieser Anthropotechniken die Metaxie von Chaos und Ordnung lösen muss: Im Falle der Technik, die Welt zu verstehen, zu manipulieren und zu ordnen, im Falle der Ethik, unser Zusammenleben zu verstehen, zu manipulieren, und zu ordnen, und im Falle der Kunst, Repräsentationen unserer Welt- und Selbsterfahrung zu erzeugen. Doch im Gegensatz zur Spiritualität sind diese Anthropotechniken gegenständlich in dem Sinne, als dass das Chaos nur über ein Zweites geordnet wird. Spiritualität konfrontiert die Phänomenologie des Chaos selbst, ohne ein Zweites, wie das Objekthafte, das Soziale oder das Kreative zu benötigen.

Zu diesem Zwecke – also der direkten Auseinandersetzung mit dem Chaos – entwickelte die Spiritualität weitere Anthropotechniken, namentlich das Selbstopfer, und, in weiterer Bifurkation, die zielgerichtete Verwendung von psychoaktiven Substanzen, aber auch Sex, Tanz und Meditation, um den beiden existenziellen Nominalwerten – das Leid, dass es zu überwinden und die Freiheit, die es dadurch zu erreichen gilt – gerecht zu werden. In dem Millennien währenden Chaoskampf des Menschen wurden weitere Techniken, Methoden und Einsichten entwickelt, die der Kultur als solches zu Gute kamen. Opferbereitschaft etwa wurde bald in allen Handlungsdomänen des Menschen als funktionale Technik der Zukunftsgewinnung anerkannt.

Zum einen dient Spiritualität also als Anthropotechnik als M e t h o d e, die alten kognitiven Strukturen zu transformieren und neue Strukturen aufzubauen. Das heißt auch, das, was von einem Selbst und von der Welt gewusst wird, zu Guten von neuem Wissen opfern zu können, sei es jetzt Handlungswissen oder geistiges Wissen. Das heißt auch: Sich weiterzuentwickeln, komplexere Organisationsformen der Psyche auszuformen, umfassendere Perspektiven zu Selbst und Welt erzeugen zu können.

Zum anderen aber dient die Spiritualität dem Einzelnen, zu lernen, stark in der Krise sein zu können, Widrigkeiten und dem Unglück nicht ungeschützt gegenüberstehen zu müssen. Dieser Aspekt der Spiritualität wird selten betont. Leid, Unglück und Krise sind Konstanten unserer Existenz. Wie gehen wir damit um? Die spirituelle Methode lehrt, sich mit dem Chaos an sich auseinanderzusetzen, das Leid ertragen zu können, um nicht ungewappnet für diesen eintretenden Fall zu sein.

Aus diesen beiden Gründen verfehlt die postmoderne Spiritualität grundsätzlich ihr Ziel. Sie ist durch das Happiness- und Gegenwarts-Programm fehlgeleitet. Einfach gesagt basiert spirituelles Denken auf der Idee, Schmerz integrieren zu können. Nicht zuletzt deshalb gilt die Meditation als die Kerntechnik aller Traditionen: Denn der emotionale und körperlich erfahrbare Schmerz, die Stunden unbewegter Meditation erzeugen können, sind das, was es zu überwinden gilt, wenn überwinden heißt: Hingabe und Liebe, durch den Willen der Konzentration geleitet.

Ausführliches Inhaltsverzeichnis

Vorwort

Wir schaffen eine Grundlage, aufgrund derer wir die Frage, was überhaupt Spiritualität ist, anfangen können zu beantworten. Wir klären einige grundsätzliche Begrifflichkeiten und adressieren erste Schwierigkeiten, nämlich das Problem der Objektivierungen und die Inkohärenz zeitgenössischer Spiritualität. Argumente werden vorgebracht, Bewusstsein als Ausgangpunkt für alle Überlegung hinsichtlich der Spiritualität zu wählen, und es wird zugunsten einer evolutionären Spiritualität argumentiert, die die Fallstricke zeitgenössischer Spiritualität überwunden hat.

Chaoskampf

§ 1

Mit dem Auftauchen des Bewusstseins, so wird argumentiert, entstehen vier grundlegende Handlungsdomänen oder 'Anthropotechniken', die sowohl Lösung von alten als auch Ursache von neuen evolutionären Problemen darstellte. Diese vier grundlegenden Anthropotechniken sind Kunst, Technik, Ethik und Geist. Spiritualität wird hier verstanden als eine Unterkategorie der Domäne Geist, dem Versuch des Bewusstseins, sein eigenes Zustandekommen zu verstehen.

§ 2

Am Anfang des Bewusstseins liegt Zeitlichkeit und die Erfindung der Zukunft. Nur indem wir aus der instinktiven Gegenwart heraustreten, werden wir zu Menschen. Doch die Zukunft hat ein Janusgesicht: Aus ihr kommen Glorie wie Schrecken, Geburt und Tod. Und die Zukunft wirft die Frage auf, wie wir uns im Angesichte unseres Todes verhalten sollen.

§ 3

Durch die Zukunft werden wir zu selbst-organisierenden Lebewesen, die Strategien entwickeln, das Leid, welches aus der Zukunft kommt, und welches immer schwerer wiegt als Glück, zu reduzieren: Die Grundlage aller spirituell-religiösen Weltsichten.

§ 4

Ein Exkurs über die Natur des Bewusstseins, von einem pragmatischen Standpunkt aus. Als was wir Bewusstsein, und auch Spiritualität, betrachten wollen, hängt auch von dem Willen und der Auflösung ab, mit dem wir diese Phänomene betrachten.

§ 5

Mit der Zukunft entsteht der Wille, und jeder Wille ist, weil er zwischen Ordnung und Chaos vermittelt, eine Transzendenzverführung.

§ 6

Eine Meditation über die Beziehung von Ordnung und Chaos, und die Rolle des Helden darin. Wir identifizieren den Chaoskampf als einer der beiden grundsätzlichen spirituellen Anthropotechniken.

§ 7

Wir erfahren Chaos als Leid, und Leid ist mit in unsere Existeinz eingebaut. Spiritualität bietet Bewältigungsverfahren für das Leid, und zwar, in dem die Strukturen geopfert werden, durch die man überhaupt für das Leid empfänglich wird.

§ 8

Eine erste vage Spekulation über den Sinn und die Funktion der Spiritualität, nämlich den Binnenraum des Psychischen, welches dem erwachenden Bewusstseins als Chaos erscheinen muss, aktiv zu ordnen und zu gestalten.

§ 9

Wir machen uns auf den Weg, die Dialektik von Chaos und Ordnung mit der Idee des Aufstieges und der Entwicklung zu verbinden.

§ 10

Spiritualität ist ein kulturell gewachsenen Lern- und Übungssystem, den Chaoskampf zu üben, um die tiefe Autopoiese zu entdecken und zu nutzen, und um die Kultur zu erneuern.

§ 11

Erste Betrachtungen zu der Figur des Gurus, und seiner Funktion, im Licht des Chaoskampfes.

§ 12

Jede der vier grundlegenden Handlungsdomänen benötigt Verfahren, durch die sie als Übungssysteme ausdifferenziert werden können. In der Kunst finden sich frühe Saiteninstrumente und künstliche Farben. Meditation wird als Übungsverfahren beschrieben, um in die Domäne des Geistes einzutauchen. Und ihre Tradierung zeigt, dass sie kultuell und psychologisch einen evolutionären Nutzen gehabt haben muss, und immer noch hat.

§ 13

Ein paar allgemeine und abschließende Bemerkung zum Chaoskampfes sowie dem favorisierten Zustand zwischen Tod und Wiedergeburt, beschrieben anhand unterschiedlicher Symbolsysteme.

Das Opfer

§ 1

Spiritualität muss von gewissen biologischen Wirklichkeiten und kollektiven Archetypen informiert worden sein. Wir betrachteten in Kap. 1 den maskulinen, von Dopamin angetriebenen, explorativen Chaoskampf. Doch es steht zu vermuten, dass dies nur eine Seite der Gleichung ist.

§ 2

Wir erfanden nicht nur die Zukunft, sondern eine Modalität, mit der wir die Zukunft verändern können: Das Opfer. Wir führen hier das Opfer neben dem Chaoskampf als die zweite wesentliche Anthropotechnik des spirituell-religiösen Lebens ein.

§ 3

Wir betrachten einen Sonderfall der Anthropotechnik des Opfers, und zwar einen, der explizit den spirituell-religiösen Praktiken vorbehalten blieb: nämlich das Selbstopfer.

§ 4

Eine Meditation über Gewalt, und das Herz der Spiritualität und des Heiligen.

§ 5

So wie wir Chaoskampf und Selbstopfer als die grundlegenden spirituellen Techniken identifiziert haben, so finden wir in der Wille und der Liebe ihren klarsten Ausdruck. Eine Harmonisierung dieser Qualitäten führt zum spirituellen Fieber.

§ 6

Eine Meditation über den Selbstmörder, und seine Funktion.

§ 7

Wir wenden uns erneut der Figur des Gurus zu, und eröffnen eine Alternative zu dieser kontroversen Gestalt: den Genius, den Daimon. Wir versuchen uns dieser Gestalt anzunähern in dem Bewusstsein, dass wir es hier mit einem der komplexesten Probleme der Philosophie des Geistes, der Psychologie und Spiriualität zu tun haben.

§ 8

Eine Meditation über Meditation und über die Tugenden der Hure, die ein Sinnbild für das vollkommene spirituelle Leben ist.

§ 9

Wir schließen mit Bemerkungen zur ‚spirituellen Methode'. Spiritualität ist kein Ding an sich, sondern etwas, was wir tun. Am Kern des spirituellen Lebens liegen die beiden grundlegenden Anthropotechniken Chaoskampf und Selbstopfer, und jede Anwendung dieser Techniken ist spirituelle Praxis, ganz unabhängig von der Praktik, die angewendet wird. Die Hypothese wird aufgeworfen, dass so wie sich zeitgenössische Spiritualität von religiösen Weltbildern befreite, sich eine Spiritualität nach der Postmoderne von dem Dogma bestimmter Techniken wie Yoga oder Meditation befreien wird.

Transzendenzerhellung

§ 1

In Richtung einer Spiritualität, die Liebe und Wille, die Opfer und Chaoskampf integriert: Um das Potenzial zu erkennen, welches in so einer Spiritualität liegt, müssen wir die Spiritualität in ihrer gegenwärtigen, postmodernen Form verstehen. Nur wenn wir diese Kleider bereit sind, abzulegen, werden wir das evolutionäre Potential der Spiritualität nutzen können.

§ 2

Wir versuchen uns dem komplexen Phänomen der Postmoderne aus verschiedenen Richtung zu nähern, ihren Ursprung, sowie ihre Errungenschaften wie Pathologien zu skizzieren.

§ 3

Wir skizzieren die Entwicklung der Spiritualität seit dem Jahr 1875, wir versuchen, den Geist der Zeit einzufangen. Was ist die Kernidee einer postmodernen Spiritualität? Es ist die Befreiung der spirituellen Techniken von ihren religiösen Weltbildern.

§ 4

Einige Kennzeichen postmoderner Spiritualität, und eine Kritik des postmodernen Spirituellen, des Bohemiens.

§ 5

Eine Betrachtung zum Wechselspiel zwischen Psychologie und Spiritualität, sowie ihren Gemeinsamkeiten und Unterschieden.

§ 6

Wir gehen hier gesondert auf einige Trugschlüsse und Fehlleistungen der postmodernen Spiritualität ein, und zeigen, wie sie eine wahre Auseinandersetzung mit den Kräften des Selbst vermeiden.

§ 7

Eine Beispiel, wie aus einer postmodernen Tugend eine Pathologie wird: Wie der Einzelne, der sich erstmals dem inneren Kosmos zuwendet, im Ozean des Selbst verloren geht. Werdet Handwerker der Seele, ist das Wort der Stunde! Denn Technik ist immer *téchne,* ist immer Handwerk und Kunst!

§ 8

Was können die Kennzeichen einer post-postmodernen Spiritualität sein: Eine erste Annäherung.

§ 9

Ein kurzer Exkurs über gegenwärtige Versuche, über die postmoderne Spiritualität hinauszuwachsen, namentlich von Sloterdijk, Wilber, Walsh, Harris und Metzinger.

§ 10

Eine Meditation über psychedelische Substanzen, ihre Wirkungen, und die Rolle, die sie womöglich immer wieder bei dem Hervorbringen neuer Bewusstseinsstufen gespielt hat.

§ 12

Was also ist Erleuchtung? Wie können wir uns in pragmatischer Hinsicht diesem Begriff nähern?

§ 13

Konklusion